KB148164

성공하는 카페 창업
낭만부터 버려라

전창현 지음

평단

카페를 창업한 지 어느덧 7년이 흘렀다. 그사이 카페창업 경쟁은 더욱 치열해졌고 저가 커피의 경쟁도 심화되었으며 코로나19로 커피시장에도 다양한 변화가 일어나고 있다.

차 안에서 이용할 수 있는 드라이브스루카페(drive through-cafe), 재택근무 등 집에 있는 시간이 많아지면서 홈카페(home-cafe), 배달·픽업서비스와 키오스크(kiosk) 등이 눈에 띈다. 무인정보단말기인 키오스크는 직원과 직접 접촉하지 않고 터치스크린을 보며 메뉴를 고르고 결제가 가능하므로 매장에서는 주문받는 시간을 줄이고 기계로 정확하게 계산하니 오류가 없다는 점에서 필수 아이템이 되고 있다.

카페를 처음 오픈했을 때도 대한민국은 이미 커피공화국이라고 했지만 현재도 커피수요는 계속 늘고 있다. 아침에 일어나서 1잔, 출근해서 1잔, 점심식사 후 1잔, 미팅할 때 1잔 등 커피 1잔이 주는 '쉼', '여유', '피로해소', '힐링' 등을 포기할 수 없는 이유인 듯하다.

커피를 즐기는 인구가 많은 만큼 새 카페도 늘어나고 있지만 카페창업은 생각만큼 호락호락하지 않다. 세상이 내 생각대로 흘러가면 좋겠지만 창업자가 되어, 사장이 되어 운영해보니 신경 써야 할 게 많아서 마인드컨트롤을 잘해야 하고 전반적인 관리가 정말 중요하다는 사실을 깨닫게 된다.

카페창업부터 성공적인 운영까지 모두 담은 이 책은 두 챕터로 구성되어 있다. 'Chapter 1 내 카페에서 책 읽고 싶은 당신, 낭만부터 버려라'에서는 카페창업자가 기본적으로 갖춰야 할 마인드를 정리했다. 'Chapter 2 10가지를 챙기면 로맨티스트에서 진짜 사장이 된다'에서는 카페창업을 준비하는 과정과 이때 필요한 현실적인 조언을 담았다. 이 10가지는 끌리는 부분을 먼저 읽어도 좋고 카페를 오픈해 운영하면서 필요할 때마다 다시 찾아 읽어도 좋다.

케세라세라(Que sera sera)는 '될 대로 되라'는 말이지만 속뜻은 '이루어질 일은 언제든 이루어진다(Whatever will be, will be)'는 긍정의 의미를 담고 있다. 카페창업을 결심하고 열심히 준비했는데도 힘든 순간이 닥칠 수 있다. 그럴 때 후회하고 자책하기보다는 마음을 비우고 '케세라세라'를 외쳐보자. 그리고 창업을 결심하고 도전하기로 마음먹었다면 자신감을 가지고 한번 해보자! 여러분의 성공적인 카페창업과 카페 운영에 이 책이 많은 도움이 되기를 바란다.

전창현

CHAPTER 1

내 카페에서 책 읽고 싶은 당신,
낭만부터 버려라

CHAPTER 2

10가지를 챙기면
로맨티스트에서 진짜 사장이 된다

Part 01 포지셔닝,
어디에 포커스를 맞출 것인가?

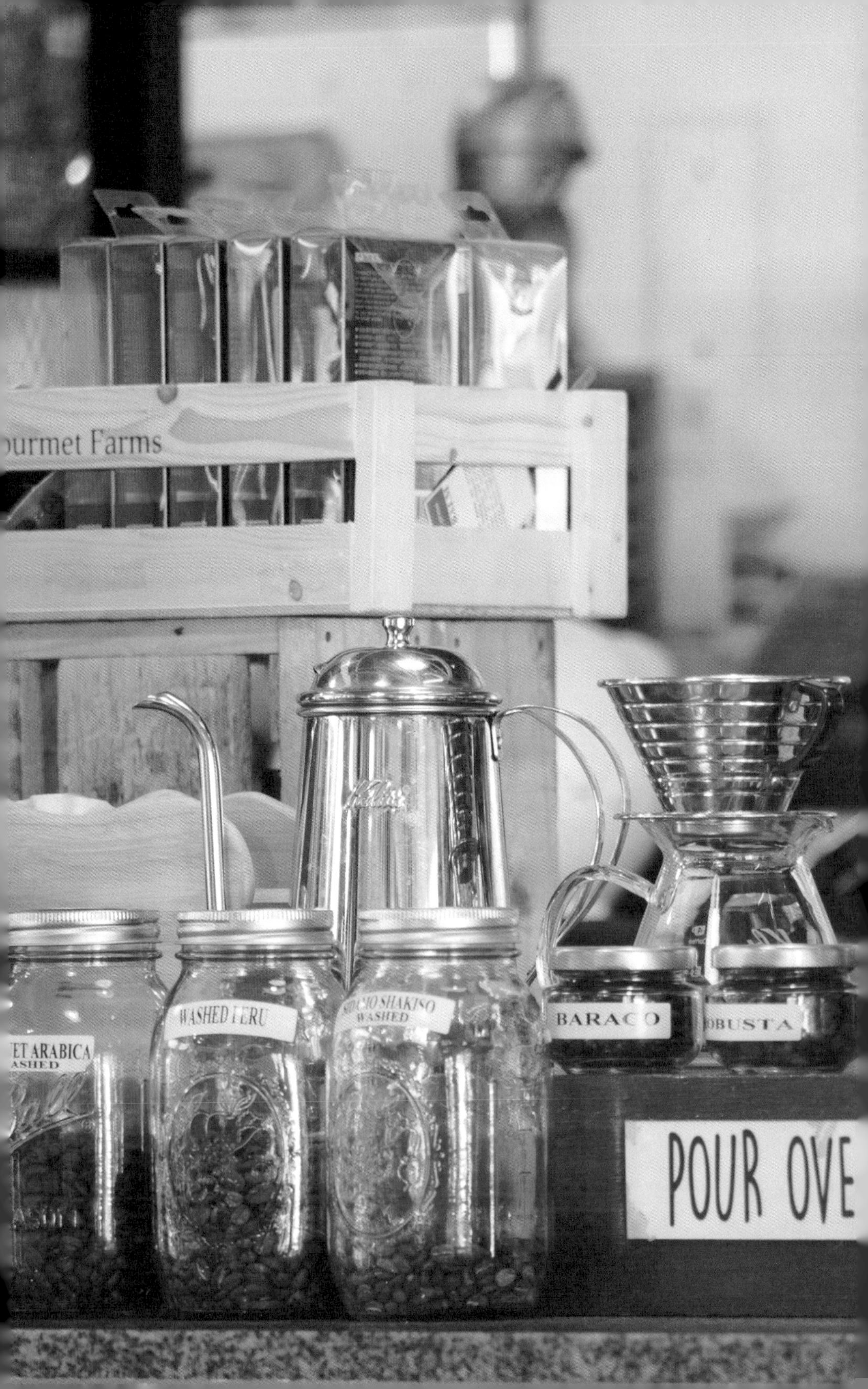
ourmet Farms
WASHED PERU
WASHED
BARACO
OBUSTA
POUR OVE

내 카페에서
책 읽고 싶은
당신,

낭만부터 버려라

01

레드오션이다,
하지만 누군가는 창업해 성공한다

"난 나중에 커피숍이나 하면서 편하게 살아야지!"

"꿈이요? 커피숍에서 여유 있게 차 한잔하면서 책 읽는 거요."

물론 필자의 카페창업 꿈도 이런 것에서 시작되었다. 하지만 주변을 둘러보라! 한 상권에 입점한 커피전문점만 얼핏 세어 봐도 5곳이 넘는다. 많게는 10곳 이상인 곳도 수두룩하다. 처음엔 이렇게 많지 않았는데 어느새 커피 수요만큼 늘어난 커피전문점들. 심지어 한 집 건너 한 집이 아닌 같은 건물 바로 옆집이 카페인 경우도 심심치 않게 볼 수 있다. 아침에 일어나서 커피 한 잔, 점심 식후 커피 한 잔, 외부 미팅 또는 야근 시 커피 한 잔! '삼시 세끼'가 아니라 '삼시 석 잔'인 커피시대, 대한민국은 이미 커피공화국이다.

이런 풍토 속에 젊은 사람들부터 주부, 퇴직자들까지 카페창업에 뛰어들고 있다. 그런데 이렇게 분위기 있고 편해 보이는 커피전문점 창업, 차리기만 하면 성공할 수 있을까?

지난 10년 동안 국내 자영업자의 생존율은 16.4%라고 한다. 그중 커피시장은 경쟁이 매우 치열해 붉은(Red) 피를 흘려야 하는 경쟁시장, 즉 레드오션(Red Ocean)이라고 말한다. 이미지가 깨끗해 보일 뿐 아니라 관리가 수월하고 커피 수요도 꾸준하다는 점에서 누구에게나 매력적으로 다가오는 창업아이템인데다 매년 바리스타 자격증을 취득하고 커피공부를 하는 사람들도 늘고 있다. 대학교에는 바리스타학과가 신설되고, 대기업뿐 아니라 중소기업에서도 새로운 커피브랜드를 만드는가 하면, 플라워카페, 브런치카페, 북카페, 키즈카페 등 종류도 다양해지고 있다.

이제 커피는 모든 업종에서 적용하고 싶은 품목이 되었다. 한 상권에서 힘들게 자리를 잡으면 비슷한 업종이 우후죽순 생기기 시작한다. 결국, 같은 목표와 같은 고객을 가지고 나눠먹기 하는 치열한 경쟁이 시작된다. 어느 업종이나 힘든 건 마찬가지겠지만, 커피시장은 이미 포화상태고 그 어느 때보다도 힘든 시기를 겪고 있다. 이러한 레드오션 속에서 어떻게 해야 살아남을 수 있을까? 내가 보고 느낀 두 매장의 사례를 소개한다.

7년 전, 매일 다니던 출근길에 A라는 작은 커피집이 오픈을 했다. 나무 느낌의 편안한 인테리어와 개인 카페 같은 느낌이 드는 아담한 커피집. 나중에 안 사실이지만, 신생 프랜차이즈 커피전문점이었다. 일단 가격이 저렴한데다 처음 생겼다는 호기심에 한번 들어가 보기로 했다.

젊고 멋진 바리스타가 맞아줄 것으로 생각한 내 첫 느낌은 보기 좋게 빗나갔다.

어머님 나이대의 나이가 지긋하신 어르신이 계셨다.

'바리스타는 젊은 사람들이 어울리는데…. 커피는 제대로 내릴 수 있을까?'

고정관념 때문인지 의구심이 생기기 시작했다. 이전에 있던 음식점도 장사가 안 되어 없어졌다는 말을 들은 뒤라 더욱 걱정이 되었다. 예상외로 음료는 신속하게 나왔고, 맛도 좋았다. 가격도 저렴한데다 또 오게 될 것 같은 느낌이 들었다. 그렇게 오며 가며 7년이 지난 지금, 그 커피집은 여전히 장사가 잘된다. 그사이 주변에 많은 커피집이 오픈했지만, 프랜차이즈 커피전문점이었기 때문에 시스템이 잘 갖춰져 있었고, '나이가 드신 분도 저렇게 해내는데 나라고 못할까?' 이런 자신감마저 생기게 해준 매장이다.

두 번째 매장 B 커피전문점은 내가 오픈한 1호점에서 매우 가까운 도로변에 있는 매장이다. 도로변이라 가시(可視)효과도 뛰어난데다 젊은 청년이 운영하는 커피전문점이다. 이 매장에서는 커피와 햄버거를 같이 판매한다. 물론 메인 메뉴나 간판은 햄버거를 지향하고 있었다. 이것이 왜 중요한지는 〈Part 01 포지셔닝 _ 01 아이템 선정, 인식의 사다리를 활용하라〉(40쪽)에서 설명하겠다.
햄버거 가격도 저렴해서 세트로 판매도 하고 있다. 운전을 하고 가다가도 매장이 도로변에 있어 눈에 매우 잘 띄기 때문에 꼭 한번 들러봐야겠다 생각했던 곳이다. 그런데 생각했던 것보다 햄버거의 양과 비주얼이 만족스럽지 못했다. 어느 때에는 분명 영업시간이 남았는데도 문이 닫혀 있었다. 이런저런 실망감이 쌓이고 발길을 끊은 지 몇 개월 뒤, 그 커피집은 사라지고 그 자리에 다른 가게가 생겼다. 1년도 채 운영하지 못하고 문을 닫은 것이다.

갈수록 많아지고 경쟁이 심해지는 커피전문점 창업. 레드오션 속에서도 어떤 매장은 살아남고, 어떤 매장은 사라진다. 성공에는 여러 가지 요인이 있겠지만 어떻게 준비하고 시스템을 갖추느냐에 따라 성패가 달라진다. 레드오션 속에도 분명히 기회는 있다. 부정적으로 생각하고 포기하는 순간 진짜 레드오션이 된다. 내 카페를 창업하고 싶다면 긍정적으로 바라보고 철저히 준비하고 대비하자.

02

작가가
카페를 창업한 이유

나는 작가로 강연가로 기업체, 관공서, 공공기관 등에 출강을 하며 강의를 하고 있다. 첫 직장에서 사내강사로 교육을 진행하며 내 적성과 맞는 일을 찾았고, 지금은 전국을 누비며 강의도 하고 다양한 사람을 만나는 것이 매우 즐겁다. 마치 여행을 하며 좋은 사람들을 만나는 느낌이랄까! 내 직업을 정말 사랑한다. 그리고 행복하다. 사실 내가 커피전문점, 카페를 오픈하리라고는 그 누구도 상상하지 못했다. 나 자신도 말이다. 지금도 내 카페를 하고 있다는 사실이 믿기지 않는다. 지금부터 내가 카페를 창업하게 된 이야기를 하려고 한다.

어느 날부턴가 난 스스로 계속 질문을 하고, 그 답을 고민하는 날이 많아졌다.

'나 이대로 잘하고 있는 걸까?'

'지금 하고 있는 일을 좀 더 즐겁게 확대할 수는 없을까?'

'더 많은 사람과 편안하게 소통할 수는 없을까?'

'난 언제 가장 행복할까?'

원래 새벽에 일어나는 것을 좋아하는 나는 새벽에 눈을 뜨면 이런 고민을 항상 해왔고, 오늘 하루를 어떻게 시작할까 하면서 24시간 카페를 찾아가거나 혹은 아침까지 기다렸다가 오픈 시간에 맞춰 미리 챙겨간 책과 신문을 본다. 그렇게 정독하고 사색하고 그런 것을 좋아한다. 사실 책을 쓸 때도 그랬다. 그러면 머리가 맑아지는 기분이랄까? 그렇게 내 꿈은 커져 갔다. 100세 시대, 평생학습을 위한 평생교육원을 설립해서 그곳에서 다양한 사람에게 필요한 교육프로그램을 만들어서 운영하고 싶다는 생각을 했다. 구체적인 내용을 사업 계획서로 작성해서 학원 설립을 위한 모니터링을 하고 자금을 확보하고 하나하나 준비해 나가고 있었다.

그런데 막상 준비를 하다 보니 부족한 부분이 한두 가지가 아니었다. 이렇게 성급하게 할 게 아니었다. 어디서부터 어떻게 다시 준비를 해야 할지 머리가 지끈지끈거릴 정도였다. 밤잠을 설치고 점점 심신은 지쳐가고 있었다. 그때 옆에서 항상 나를 지켜보고 지지해주던 남편이 이런 말을 하는 것이 아닌가!

"창현아, 지금은 아직 준비가 더 필요한 것 같아. 커피전문점 창업을 해보는 건 어때? 프랜차이즈로 창업하면서 시스템도 배우고 더 좋은 기회가 될 것 같은데….''

남편이 나에게 카페창업을 제안한 것이다. 너무 놀라기도 했지만 그동안 억눌렸던 스트레스와 체중이 한꺼번에 내려가는 듯한 맑은 느낌을 지금도 잊을 수가 없다. 기회가 될 것 같았다. 게다가 커피전문점은 남편이 예전부터 꼭 하고 싶어 한 일이기도 했었기에 직장을 다니는 남편 대신 내가 먼저 창업을 하면 서로에게 윈윈(Win-Win)할 수 있는 좋은 기회가 되리라는 생각이 들었다. 그야말로 참 좋은 생각이었다. 그날부터 우리에겐 새로운 꿈이 시작되었다. 그리고 그 상상으로 즐거웠다.

강의를 다니면서 서비스를 강조했는데 내 카페에서 그 서비스를 보여주는 모습, 그리고 만족한 고객들이 계속해서 카페에 오는 모습, 고객들과 함께 특강을 여는 모습, 내 책이 카페에 진열되어 있고 그 책을 고객들이 읽고 만족하고 구입도 하는 모습, 내 직원들을 내가 직접 교육하는 모습, 카페 1호점을 성공적으로 운영해서 2호, 3호, 4호점을 창업하고 운영하는 모습, 나중에는 내 브랜드를 만들어서 평생교육원과 카페를 함께 운영하는 모습, 내 카페에서 음악을 들으며 공부하고 책을 읽는 모습 등 상상을 하는 내내 행복한 웃음이 끊이지 않았다. 분명 내 꿈이 아니라고 생각했던 카페창업은 이제 꼭 하고 싶은 일이 되었다.

25년 동안 쉬지 않고 자영업을 해오신 부모님의 영향도 적지 않다. 어린 삼남매를 키우며 밑바닥부터 시작한 장사를 주변의 많은 경쟁점을 물리치고 입소문으로 성공시킨 분이 바로 부모님이기에 나도 해보고 싶고, 할 수 있다고 생각했다. 특히 대학 때에도 부모님 가게에서 아르바이트를 하며 많은 것을 느끼고 경험했기 때문에 열심히 잘 준비하면 반드시 해낼 수 있다는 생각이 들었다. 혼자가 아닌 둘이기에 더 큰 용기가 나고 시너지가 생겼다. 그렇게 같은 꿈을 꾸면서 더욱 즐겁게 카페를 창업할 수 있었다. 그리고 이제 내 카페는 나의 원대한 꿈을 이뤄줄 행복한 비전이 되었다.

03

도시락 싸들고 말리는 사람은
항상 존재한다

프랑스의 실존주의 철학자 장 폴 사르트르(Jean Paul Sartre)는 "인생은 B(출생 · Birth)와 D(죽음 · Death) 사이의 C(선택 · Choice)"라고 하였다. 태어나서 죽을 때까지 매일 매 순간이 선택의 연속이다. 우리는 선택의 갈림길에서 이 길이 옳을까? 저 길이 옳을까? 고민을 하고, 그 고민을 털어놓고 조언을 구할 때가 많다.

"나 이번에 소개받았거든. 이 남자 괜찮은 것 같은데 계속 만나 볼까?"

"나 결혼날짜 잡으려고 하는데 이날이 좋을까 저 날이 좋을까?"

"나 직장 옮기고 싶은데 A회사 가도 괜찮을까?"

"이번에 학교 두 군데 붙었는데 어디로 갈까요?"

정말 많은 선택의 기로에서 우리는 주변 사람들의 이목, 평판, 이미지를 먼저 생각한다. 그래서 주변인이 아닌 SNS(Social Network Services / Sites)에 고민을 털어놓을 때도 많다. 많은 사람은 이 상황에서 어떤 선택을 하고, 이 상황을 어떻게 바라보고 결정할지 궁금하기 때문이다.

난 두 번째 직장으로 이직을 하기 전, 늘 존경하던 사촌오빠에게 고민을 털어놓았는데 절대 가지 말라는 답이 돌아왔다. 사실, 정말 가고 싶은 모든 조건을 갖춘 회사였기에 내가 원한 답은 아니었다. 듣고 싶은 대답을 듣기 위해 발버둥을 치면 칠수록 정반대로 향하고 있었다. 답은 내 안에 있는데, 그 답을 외부에서 찾으려고 하면 할수록 힘들어질 때가 있다. 왜냐하면 내가 원하는 답을 못 듣고 말리는 사람이 나타나기 때문이다.

"내가 해봤는데 그건 아닌 것 같아. 다시 생각해 봐."
"지금 이대로 괜찮은데 뭣 하러 모험을 하려고 해. 위험해."

그렇다. 사람들은 해본 것, 즉 경험을 앞세워서 설득을 한다. 그런데 그 경험이 그때그때의 느낌과 상황에 따라서 달라질 수 있다는 것이다. 지금 만족한 사회생활을 하고 있다면 그 직장을 추천할 것이고, 불만족한 모습이라면 뜯어말릴 것이다. 사람에 따라서 상황에 따라서 달라질 수 있다. 또한 사람들은 안정적인 것을 좋게 평가한다. 특히, 요즘처럼 불안정한 사회, 조기은퇴, 100세 시대를 살아가는 이 시대에는 안정된 직장, 직업, 상황은 최우선으로 평가되는 대목이다. 공무원 시험, 대기업ㆍ공기업 입사가 매년 임청난 경쟁률을 갱신하고 있는 것처럼 말이다. 또한 가까운 사람일수록 조언을 많이 해주는데 "지금까지 내가 본 너는….."의 관점과 애정과 관심이라는 허울 아래 걱정과 불안으로 더욱 뜯어말리는 경우를 볼 수 있다.

처음 카페를 오픈하기로 마음먹고, 가족들에게 넌지시 카페창업에 대해 물었을 때,

"기사 못 봤어? 커피숍 하면 망한대!"
"무슨 커피숍이야? 절대 하지 마! 그냥 하던 거나 해~!"
"그래도 장산데 장사가 얼마나 힘든데…. 괜히 일 벌이지 말고."

그렇다. 괜히 물었구나 싶었다. 내가 처음 강의를 할 때도 그랬다. 매일 보던 딸, 누나, 여동생의 새로운 변화를 부정하던 모습을 지금도 잊을 수가 없다. 남편과 나는 마음먹었다. 지금부터 미리 주변에 조언을 얻지 말고, 우리 둘이 확신을 가진 만큼 카페창업을 하고 성공시킨 다음에 가족에게 이야기하자고. 그렇게 몰래 커피

학원을 다니고, 바리스타 자격증 시험을 보고, 프랜차이즈 업체 미팅부터 오픈까지 2개월을 보냈다. 오픈을 하고 2개월 뒤부터 입소문이 나서 자리를 잡기 시작했고, 정확히 오픈하고 4개월 뒤에 가족에게 카페창업 사실을 알렸다.

하기 전에 그렇게 말리던 가족들은 많이 놀라셨지만, 카페에 와서 사람들이 가득 차 있고 장사가 잘되는 모습에 마음을 놓으시며 "참 겁도 없다. 잘했다." 하며 응원을 해주셨다.

그다음부터는 지나가다 커피전문점을 보면 좋은 메뉴, 아이디어까지 알려주시는 열혈 팬이 되셨다. 처음에는 왜 그렇게 말리고 하지 말라고 하셨을까? 정말 서운하기도 하고 섭섭하기도 해서 기분이 좋지 않았는데 다들 믿고 사랑하는 사람이 잘되길 바라는 마음에 안정적인 길을 가길 바라셨던 것이다. 모험을 해서 힘들고 행여나 잘되지 않으면 어쩌나 하는 불안감에 말리셨던 것이다.

앞으로 무슨 일을 하든 우리 주변에는 이처럼 나를 생각하고 아끼는 마음에, 또는 해봤기 때문에 다른 이유로 무슨 일을 하든 도시락을 싸가지고 쫓아다니며 말리는 사람이 등장할 것이다. 그러나 기억하라. 정말 친한 주변 사람일수록 이미 하고 있는 안정된 환경을 바꿔 어떤 위험이 도사리고 있을지 모르는 도전을 지지해주는 사람은 거의 없다는 것을. 중요한 사실은 그들이 내 인생을 대신 살아주지 않는다는 것이고, 정말 하고 싶고, 그 뜻이 확고하면 어떤 선택을 해도 후회하지 않을 만큼 최선을 다해서 해낼 수 있다는 것이다. 진정 창업

을 원하다면 누군가의 격려를 바라고 고민을 털어놓기보다는 앞으로의 도전에 다가올 난관들을 예측하고 이겨내도록 하는 것이 더욱 효율적이다. 더욱 찰지게 준비해서 성공해 보여주면 된다. 주위에 말리는 사람이 생겨도 내 의지가 확고하면 흔들리지 말자. 명심하라! 중요한 선택은 스스로가 하라. 그래야 후회가 없다.

두 번째 직장은 업무강도가 높은 곳이었다. 그래서 첫 직장보다 10배로 힘들고 고생이 이만저만이 아니었다. 9시 출근이지만 항상 긴장감에 6시 30분 출근, 그리고 무서운 상사의 지시에 따라 일을 하다 보면 새벽까지 야근을 한 날도 있었고 커피 한잔을 여유롭게 즐기고 싶었지만, 여유가 없었기에 어쩌다 마시는 커피 한잔에도 체하는 경우가 많았다. 일을 그만두고 내 카페를 한다면, 얼마나 여유롭고 행복할까? 책을 보며 커피 향을 만끽하며 사색도 하고 미소를 지으며 하루를 시작할 수 있겠지? 그뿐인가, 카페사장으로서 낭만도 있으리라. 커피를 맛있게 내리고, 고객들과 직원들과 행복한 나날을 보낼 수 있으리라.

커피는 우리의 감성을 자극한다. 향으로 맛으로 분위기로 유혹하기에 안성맞춤이다. 그래서 힘든 하루 중에도 카페에서 커피를 마시고 있노라면 세상만사가 부드럽게 흘러가는 여유가 생긴다. 잠시나마 말이다. 그래서 사람들은 이런 말을 하곤 한다. 회사 때려치우고 카페사장으로 변신하면 얼마나 행복할까? 매일매일 여유롭고 즐거울 것 같은 상상 말이다. 나도 내 남편도 처음엔 그런 생각을 전혀 안 한 것은 아니다. 처음엔 누구나 좋은 것만 보이고 좋은 상상만 한다. 하지만 한번 생각해보라. 사장이 우아하게 내 카페에서 책을 보고 커피를 마실 수 있다면, 그 카페는 과연 고객이 많고 수익이 나는 매장일까? 잘되는 카페를 운영하고 싶다면 낭만적인 생각만 해서는 결코 안 된다.

이직을 할 때도 그렇다. 헤드헌터는 새 직장의 좋은 점을 부각한다. 그리고 이직을 하는 사람도 좋은 점에 혹해서 다른 면을 대수롭지 않게 생각하거나 흘리는 경우가 많다. 하지만 실제 회사에 입사해서 근무해보면 생각지 못한 어려움과 난관에 부딪히게 되고 좋은 것보다 힘든 부분이 많다는 것을 뼈저리게 느끼게 된다.

창업도 그렇다. 창업을 할 때는 지금 현재 상황이 힘들기 때문에 창업에 대한 장밋빛 미래만 상상하기 쉽다. 사람들은 누구나 나는 망하지 않고 잘될 것이라는 생각을 한다. 그런데 중요한 사실은 어떤 사람은 성공하고 어떤 사람은 실패한다는 점이다. 누구도 나는 실패하지 않겠다고 다짐하지만 장담할 수 없다. 그래서 실패하지 않기 위해 철저하게 분석하고 무장해야 한다. 적지 않은 자본이 들어가는 창업, 창업을 하지 않는다면 들지 않을 그 자본을 이대로 잃을 수는 없다. 어떻게 해야 제대로 된 창업으로 실패하지 않을까? 방심은 금물이다.

작은 것을 방치하면 큰 사고로 이어질 수 있다. 나는 작은 것 하나 놓치지 않고 철저하게 무장하겠다고 다짐했다. 먼저, 인터넷에서 '카페, 창업하면 망한다!'라는 기사를 검색하고 댓글 1,000개를 전부 정독했다. 실제 카페에서 근무해 본 사람의 이야기, 창업을 해본 사장의 이야기, 고객의 이야기, 보고 느낀 사람의 이야기 등 다양한 관점에서 카페창업을 볼 수 있는 계기가 되었다. 내가 창업을 할 때 느낀 관점보다 훨씬 크고 넓은 관점에서 카페창업을 바라볼 수 있었다. 댓글을 전부 정독하고 분석해서 마인드맵(Mind Map)으로 비슷한 부분끼리 묶어서 정리했다. 그리고 이러한 문제점과 관점에서 실패하지 않기 위한 해결방법을 그 옆에 마인드맵으로 정리해 나갔다.

해결방법은 다양했다. 커피공부가 시급했다. 커피공부를 하지 않으면 아무리 카페사장이어도 직원들이 무시할 것이고, 고객들이 커피에 대해 물어봐도 대답할 수 없다. 카페 근무경력이 많은 직원들은 사장을 가르치려고 할 것이고 그렇게 되면 매장관리, 직원관리, 고객관리 등 제대로 될 리가 만무하다.

먼저, 커피공부를 시작해야 했다. 커피학원에 등록하고 매일 가서 실습을 하고 집에 와서 커피이론에 대해 공부하기 시작했다. 바리스타 시험도 응시했다. 나보다 나이가 많은 사람, 훨씬 나이가 어린 사람부터 커피에 대한 관심은 내가 생각하는 것 이상이라는 생각이 들었다. 그렇게 커피에 대해, 바리스타에 대해 이해하고 접근하자 자신감이 붙기 시작했다.

카페를 하기로 마음먹은 그 순간부터 실패하지 않기 위해 계속 각오를 다지고 매일매일 10배 이상 무장했다. 그 결과, 내가 원하는 카페의 모습대로 오픈 1년이 된 지금, 그 동네에서 장사 참 잘되는 카페로 자리매김할 수 있었다.

필자가 댓글 1,000개를 정독하고 카페창업에 성공하기 위해 만든 마인드맵

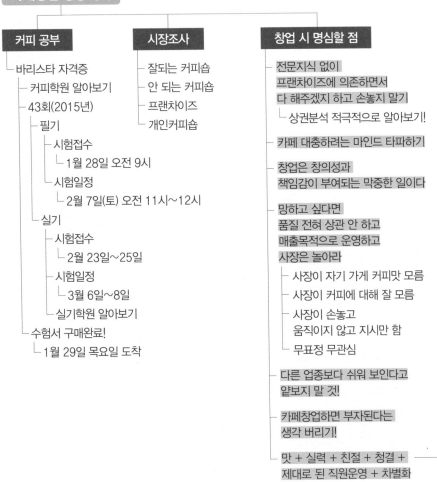

'카페창업 성공하기'

커피 공부
- 바리스타 자격증
  - 커피학원 알아보기
  - 43회(2015년)
    - 필기
      - 시험접수
        - 1월 28일 오전 9시
      - 시험일정
        - 2월 7일(토) 오전 11시~12시
    - 실기
      - 시험접수
        - 2월 23일~25일
      - 시험일정
        - 3월 6일~8일
      - 실기학원 알아보기
  - 수험서 구매완료!
    - 1월 29일 목요일 도착

시장조사
- 잘되는 커피숍
- 안 되는 커피숍
- 프랜차이즈
- 개인커피숍

창업 시 명심할 점
- 전문지식 없이 프랜차이즈에 의존하면서 다 해주겠지 하고 손놓지 말기
  - 상권분석 적극적으로 알아보기!
- 카페 대충하려는 마인드 타파하기
- 창업은 창의성과 책임감이 부여되는 막중한 일이다
- 망하고 싶다면 품질 전혀 상관 안 하고 매출목적으로 운영하고 사장은 놀아라
  - 사장이 자기 가게 커피맛 모름
  - 사장이 커피에 대해 잘 모름
  - 사장이 손놓고 움직이지 않고 지시만 함
  - 무표정 무관심
- 다른 업종보다 쉬워 보인다고 얕보지 말 것!
- 카페창업하면 부자된다는 생각 버리기!
- 맛 + 실력 + 친절 + 청결 + 제대로 된 직원운영 + 차별화

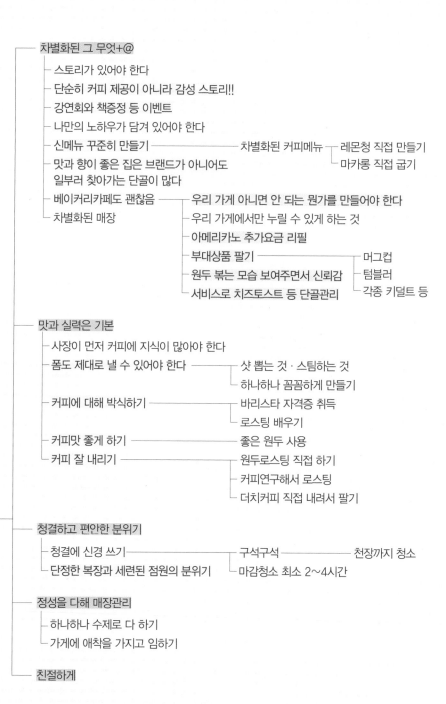

- 차별화된 그 무엇+@
  - 스토리가 있어야 한다
  - 단순히 커피 제공이 아니라 감성 스토리!!
  - 강연회와 책증정 등 이벤트
  - 나만의 노하우가 담겨 있어야 한다
  - 신메뉴 꾸준히 만들기 ──────── 차별화된 커피메뉴 ── 레몬청 직접 만들기
  - 맛과 향이 좋은 집은 브랜드가 아니어도   └ 마카롱 직접 굽기
    일부러 찾아가는 단골이 많다
  - 베이커리카페도 괜찮음 ── 우리 가게 아니면 안 되는 뭔가를 만들어야 한다
  - 차별화된 매장   ├ 우리 가게에서만 누릴 수 있게 하는 것
                         ├ 아메리카노 추가요금 리필
                         ├ 부대상품 팔기 ──────── 머그컵
                         ├ 원두 볶는 모습 보여주면서 신뢰감   ├ 텀블러
                         └ 서비스로 치즈토스트 등 단골관리   └ 각종 키덜트 등

- 맛과 실력은 기본
  - 사장이 먼저 커피에 지식이 많아야 한다
  - 폼도 제대로 낼 수 있어야 한다 ──────── 샷 뽑는 것·스팀하는 것
                                        └ 하나하나 꼼꼼하게 만들기
  - 커피에 대해 박식하기 ──────── 바리스타 자격증 취득
                                 └ 로스팅 배우기
  - 커피맛 좋게 하기 ──────── 좋은 원두 사용
  - 커피 잘 내리기 ──────── 원두로스팅 직접 하기
                           ├ 커피연구해서 로스팅
                           └ 더치커피 직접 내려서 팔기

- 청결하고 편안한 분위기
  - 청결에 신경 쓰기 ──────── 구석구석 ──────── 천장까지 청소
  - 단정한 복장과 세련된 점원의 분위기   └ 마감청소 최소 2~4시간

- 정성을 다해 매장관리
  - 하나하나 수제로 다 하기
  - 가게에 애착을 가지고 임하기

- 친절하게

10가지를 챙기면

로맨티스트에서
진짜 사장이 된다

"

자신의 상황을 객관적으로 바라보고
그 상황에서 최적의 시스템을 찾아야 한다.

그것이 개인카페가 될 수도 있고,

프랜차이즈카페가 될 수도 있다.

다시 말하지만, 정답은 없다.

상황에 맞게 선택하면 되는 것이다.

"

Part **01**

포지셔닝,
어디에 포커스를
맞출 것인가?

아이템 선정,
인식의 사다리를 활용하라

'햄버거' 하면 떠오르는 것은?

'아이스크림' 하면 떠오르는 것은?

사람들은 어떤 제품을 구매하거나 결정할 때 머릿속에 갖고 있는 일련의 브랜드들이 떠오르는데 이러한 브랜드는 순서를 갖게된다. 가장 상위에 위치한 순서의 브랜드가 가장 인식이 높게 형성되어 있다. 그래서 이러한 인식은 우리의 구매결정에 매우 중요한 영향을 미치게 된다. '인식의 사다리' 이론은 바로 이런 것이다. 한번 갖게 된 인식은 우리가 소비자로 특정 제품을 선택하고 이용할 때마다 적용되고 이러한 인식은 쉽게 바뀌지 않는다. 그래서 무섭다. 하지만 간과할 수 없는 부분이다.

수많은 광고에 노출되어 있는 요즘, 1등이 아니면 기억조차 못하는 경우가 허다하다. 하루가 다르게 쏟아져 나오는 신규 브랜드와 기존 업종에서도 살아남기 위해 내놓는 신제품들.

하지만 모두가 다 성공하는 것은 아니다. 야심차게 준비하고 홍보해도 사람들의 인식의 사다리는 쉽게 그 위치가 바뀌지 않기 때문이다. 단기간에 인식을 바꾸기란 여간 힘든 것이 아니다. 계속된 노력과 제품에 대한 확신과 소비자의 신뢰가 합쳐져 인식의 사다리의 순위를 점차 높이게 되는 부분이기 때문에 부단한 시간과 노력이 필요하다.

카페는 사실 진입 장벽이 낮은 아이템이다. 그래서 누구나 적은 자본으로 투자하고 시도할 수 있기 때문에 경쟁이 매우 치열하다. 깔끔하고 관리가 용이하며 세련되고 편안한 분위기 때문에 대기업들도 가세하고 있다. 더 이상 시간을 지체할 수 없고 빠른 시간 내에 좋은 성과를 이루기 위해서는 소비자들이 갖고 있는 인식의 사다리를 미리 점검해서 신중하게 아이템을 선정해야 한다.

자, 종이를 꺼내거나 휴대폰 메모장을 열어서 한번 적어보자.

'카페' 하면 떠오르는 브랜드를 순서대로 적어보자.

'저가카페' 하면 떠오르는 브랜드는?

'디저트카페' 하면?

'카페' 하면 대부분의 사람들이 스타벅스를 떠올릴 것이다. 하지만 '저가카페'를 떠올리면 이야기가 달라진다. 어떻게 포지셔닝을 하느냐에 따라 인식의 사다리의 순위는 달라질 수 있다는 이야기다. 요즘은 저가카페가 많이 생기고 있고, 기존 업종에서도 카페를 접목한 새로운 시도들이 많이 눈에 띈다. 그런데 왜 성공하는 곳과 실패하는 곳이 생기는 것일까?

새로운 시도에서 카페와 접목했을 때 '커피'가 떠오르지 않는다면 계속하여 그곳을 찾기란 어렵기 때문이다. '커피'라는 아이템은 분명 제너럴(General : 일반적인)한 아이템이다. 매일 마실 수 있고 찾을 수 있다. 하지만 아이템이 스페셜(Special : 특별한)한 느낌이 든다면, 그것은 지속해서 찾기가 어렵다. 그렇기 때문에 기존의 아이템에 핫한 '카페'를 접목해도 정작 카페보다는 기존의 느낌 때문에 그곳을 찾게 된다는 것이다. 홍대나 강남처럼 유동인구가 많은 상권은 나만의 스페셜한 아이템이 엄청난 강점일 수 있지만 내 집 근처에서 카페를 하고자 한다면 누구나 매일매일 먹고 싶은 제너럴한 아이템이 훨씬 강점일 수 있다.

A라는 네일숍은 네일케어(Nail Care, 손발톱 손질)를 받으러 오는 분들께 카페처럼 커피를 판매하고 제공하면 좋겠다는 생각을 하고 간판도 바꾸고 네일케어와 카페를 접목했다. 처음에는 고객들이 네일숍에서 커피도 파는구나 신기하게 생각하면서 구매를 하기도 했지만 고객들은 네일케어만 받고 커피는 커피숍에서 마셔야겠다

고 생각한다.

　네일숍을 자주 이용하고 있는 필자의 경우, 한 달에 한 번 정도 네일숍을 방문하는데 네일케어를 받기 위함이지 커피를 마시려고 일부러 네일숍을 가지는 않는다. 네일숍에 카페를 접목하게 되면 인식의 사다리에서 1순위는 단연 '네일케어'이며 이러한 스페셜한 아이템은 특히 자주 이용하지 않기 때문에 카페와 접목해도 성공하기가 어렵다.

　B마카롱카페는 어떤가? 다양하고 예쁜 컬러의 마카롱이 진열되어 있고, 커피 벤티 사이즈(대용량)를 1,500원에 판매하고 있다. 하지만 사람들은 마카롱만 사고 커피는 옆집 카페에서 구매한다. 최근 우리 카페를 방문한 고객도 한 명은 커피를 주문하고, 한 명은 주문하지 않았는데 자세히 보니 한 손에 아이스크림을 들고 있었다. 아이스크림전문점에서 아이스크림을 사온 것인데, 분명 그곳에서도 커피를 판매하고 있다. 하지만 아이스크림만 사고, 커피를 마시기 위해 우리 카페를 방문해서 한 명은 커피를, 한 명은 아이스크림을 먹었다.

　우리 주변을 둘러보라. 길을 가다 보면 카페와 접목한 많은 간판이 눈에 띈다. 그 간판들을 보면서 나의 인식의 사다리를 점검해보자. 카페를 창업하기로 마음먹은 순간부터 인식의 사다리를 확인하는 습관을 지녀야 한다.

　내가 추구하고 싶고 판매하고 싶은 아이템이 사람들의 머릿속

인식의 사다리에서 어디에 위치하는지를 끊임없이 체크하고 점검하자. 나 혼자 점검하고 작성하면 안 된다. 꼭 주변 사람들에게 묻고 계속적으로 제삼자의 인식의 사다리를 확인하길 바란다. 그렇게 하다보면 내가 포지셔닝(Positioning)할 아이템에 대해 확신이 생길 것이다.

오픈시기,
적절한 시기를 따져라

비 오는 날에 가장 장사가 잘되는 곳은 어디일까?

바로 빈대떡집이다. 지글지글 노릇노릇 구워지는 빈대떡처럼 빗소리와 함께 이런 날 먹어야 제맛이기 때문이다. 장맛비가 쏟아진 다음 날, 1호점 바로 옆 매장인 피자집 사장님께서 커피를 사러 오셨다.

"어젠 커피 마실 시간도 없었다니까요. 정신이 하나도 없었어요."

비 오는 날 장사가 잘되는 곳이 또 있었다. 바로 배달 전문점이다. 비가 오면 우산 챙기랴 옷 젖는 거 신경 쓰랴 외출하기가 번거

롭기 때문에 배달주문을 많이 하게 되는 것이다. 그럼 커피전문점은 어떨까? 필자는 어렸을 때부터 비 오는 날을 좋아해서 비를 맞으면서 낭만에 젖은 적도 있고 비 오는 날은 왠지 공부도 잘되고 집중이 잘되어 빗소리를 일부러 컴퓨터에 다운받아 놓고 집중이 안 될 때 틀어놓을 정도로 비를 좋아한다.

사실 커피전문점을 오픈할 당시에도 '비가 오면 손님이 많이 오지 않을까?' 하는 생각을 한 적도 있었는데 비가 한 번 내리고 난 다음 허황된 생각이었다는 것을 알게 되었다. 주변에도 카페를 운영해보지 않은 사람들은 비 오는 날 장사가 잘될 것 같다고 말하는 경우가 있는데 비오는 날은 마음을 비우라고 이야기한다.

추운 날은 어떨까?

추울 때, 집에서 따뜻한 이불을 덮고 군고구마를 먹을 때 가장 행복하지 않을까. 학생들도 직장인들도 추운 날 등교하는 것, 출근하는 것이 악몽인 것처럼 집 밖에 나가서 커피 한잔의 여유를 즐기는 사람은 생각보다 많지 않다.

그래서 커피전문점의 비수기는 바로 비 오는 날과 추운 날이다. 계절로 본다면 겨울이다.

그렇다면 성수기는 언제일까?

햇볕이 강렬하게 내리쬐는 30도 이상의 무더위가 계속되는 7~8

월 가장 더운 날이 성수기다. 푹푹 찌는 더위에 지친 사람들이 시원한 에어컨 바람을 쐬기 위해 들어오고 자리에 앉아서 쉬면서 시원한 음료를 즐기기에 안성맞춤인 것이다. 필자의 경험상, 오픈을 하기에 가장 적절한 시기는 날이 풀리기 시작할 때, 더워지기 시작할 때, 그리고 장마를 피해서, 겨울을 피해서, 한 달에 연휴가 너무 많은 달은 피해서다.

월별로 따져볼 필요가 있다.

1월에는 새해를 맞아 사람들이 많이 올 것 같지만 일 년 중 가장 추운 달이고, 새해부터 지출을 많이 하는 사람들은 많지 않다.

2월은 일단 다른 달에 비해 일수가 가장 적은 달이다. 자영업을 하는 사람에게 일수는 매우 중요하다. 31일까지인 달과 30일까지인 달도 1일이라는 차이가 발생한다. 고정비는 그대로인데 장사를 할 수 있는 날이 부족하다. 그런데 2월은 28일 내지는 29일이다. 게다가 설 명절로 연휴가 많기 때문에 연휴도 그렇지만 설 당일에는 매출이 신통치 않다. 2월은 지출이 많고 장사할 날은 많지 않기 때문에 처음 오픈할 때 2월은 피하는 것이 좋겠다.

3월은 어떤가? 3월은 새 학기가 시작되어 주부와 학생들의 지출이 많은 시기다. 아직 날씨도 쌀쌀한 편이다. 하지만 이제 봄기운이 도는 시기이고 일수도 31일까지 있기 때문에 시작하기에 괜찮은 달이다.

4월부터 날씨가 풀리기 시작하고 매출이 오르는 시점이다. 시작하기 좋은 달이다.

5월은 어린이날, 어버이날, 석가탄신일 등 연휴가 많고 지출이 많은 달이다. 일수는 31일인데 상권에 따라 물론 다르겠지만 필자의 경우, 어린이날은 가족 단위로 나들이를 가기 때문에 동네에서 주부, 아이들을 찾아보기가 어렵다. 매출도 그리 좋은 편이 아니다. 어버이날의 경우는 다르다. 가족 단위로 식사를 하거나 외식을 하고 나서 커피를 마시기 위해 오기 때문에 매출이 높은 편이다.

6월은 날씨도 덥고 연휴도 많지 않아서 매출이 전반적으로 잘 나오는 편이다.

7월과 8월은 무더운 날씨 덕에 매출이 잘 나오는 시기다. 다만, 휴가철에는 조금 빠지는 편이지만 전반적으로 매출이 좋은 시기다.

9월까지 덥기 때문에 9월도 매출이 잘 나오는 편이다. 다만, 9월에서 10월은 한가위 명절이 기다리고 있다. 따라서 이 명절시기에는 매출이 조금 빠질 수 있다.

11월로 접어들면 갑자기 매출이 떨어지기 시작한다. 날씨가 10월과 11월은 완전히 다르다. 날씨가 쌀쌀해지면서 외출이 줄어들기 때문이다. 11월은 2월과 마찬가지로 일 년 중 가장 힘든 시기다. 11월 또한 일수가 많지 않고 급격히 추워진 날씨와 더불어 장사를 할 수 있는 일수는 부족하기 때문에 매출 올리기가 쉽지 않다.

12월 또한 초중반에는 쌀쌀해진 날씨의 영향을 받지만, 크리스마스가 가까워지고 연말이 다가오면 매출이 오르기 시작한다. 12

월 매출은 중반 이후가 다 한다고 봐도 과언이 아닌 듯하다.

이렇게 월마다 따져보면, 날씨와 영업일수, 이슈에 따라 매출도 성수기가 있고 비수기가 있음을 알 수 있다. 물론 비수기는 매년 찾아올 것이다. 오픈하자마자 하강흐름 비수기를 맞이하고 싶은가? 상승흐름 성수기를 맞이하고 싶은가? 아마도 성수기를 맞이하고 싶을 것이다. 4월~6월이 상승흐름을 탈 수 있는 오픈 적기이다. 특히 12월~2월은 비수기라 매출도 매출이지만, 난방에 따른 관리비가 상승하게 되므로 여름 못지않게 관리비 지출이 늘어난다.

또한 매년 1월에는 최저임금도 오른다. 따라서 고정비용인 인건비도 상승한다. 필자는 3월 말에 오픈하고, 8월 중순에 오픈해서 작년과 올해 초, 첫겨울을 보냈는데 어느 정도 각오는 했지만, 실제 겪어보니 11월~2월은 정말 너무 춥고 또 힘든 시기였다. 만약, 겨울에 오픈을 했다면 겨울나기가 더욱 힘들지 않았을까 생각된다. 꼼꼼하게 따져보고 어느 시기에 오픈할지 고려해야 한다. 창업 시기만 잘 선정해도 좀 더 이른 시일 내에 안정적으로 매장을 운영하고 매출도 잡을 수 있을 것이다.

03

객수 vs 객단가,
무엇이 중요한가?

필자는 하루 매출을 확인할 때, 오늘 기록한 총매출도 중요하지만, 객수(客數)와 객단가(Customer Transaction, 客單價)를 따지는 편이다. 객수는 오늘 우리 매장에 온 고객이 얼마나 되는지 확인할 수 있는 지표이기 때문이다. 한 명이 와서 계산을 하는 경우도 있고, 여러 명이 함께 와서 한꺼번에 계산을 하는 경우도 있다. 일단 계산이 되면 영수증이 나오고 이 영수증 건수가 오늘의 객수가 된다.

그렇다면 객단가는 무엇인가? 고객이 방문했을 때 평균적인 구매단가라고 생각하면 쉽다.

A라는 사람이 아메리카노 1,500원을 계산했고, B라는 사람이 일행들과 와서 아메리카노, 카페라테, 카페모카를 한꺼번에 7,500

원을 계산하면 객수는 2, 객단가는 (1,500원 + 7,500원) ÷ 2 = 4,500원이 된다. 이렇게 하루 동안 총매출에서 객수를 나누면 오늘의 객단가가 나온다.

어떤 날은 객수는 많은데 객단가가 낮아서 매출이 적었다는 것을 알 수 있고, 어떤 날은 객수는 적은데 객단가가 높아서 매출이 괜찮았다는 것을 알 수 있다. 객수가 많은 날은 무더위에 혼자 음료를 구매하는 경우, 주말이나 특별한 날 카페를 찾은 고객이 많은 경우이고 객단가가 높은 날은 여름철 빙수 판매량이 늘고, 명절 다음 날, 크리스마스, 어버이날 등 특별한 날 가족단위로 커플단위로 음료뿐 아니라 베이커리의 판매량이 늘어서 그런 경우가 많다.

매출을 높이기 위해서 객수와 객단가가 매우 중요하다. 저가 커피전문점을 창업하기로 마음먹었다면 아메리카노가 저렴하기 때문에 다른 음료 또는 베이커리를 많이 판매해서 객단가를 높이거나 혹은 유동인구가 많은 지역에 오픈해서 객수를 늘리는 방법, 적극적인 홍보로 객수를 늘리는 방법이 필요하다.

최근 지인이 카페를 창업하고 싶은데 저가 커피전문점은 단가가 낮아서 수익이 별로일 것 같다고, 커피도 그렇고 사이드 메뉴도 단가가 어느 정도 높아야 괜찮지 않겠냐고 물었다. 필자는 눈으로 직접 보자고 이야기했다. 지인이 단가도 괜찮고 매출이 괜찮을 것 같다고 말한 매장을 함께 방문해서 우리가 머문 시간 동안 주변에 앉아 있는 고객들은 어떤 메뉴를 주문했고 몇 테이블이 있는지 등

을 눈으로 살폈다. 비 오는 날이라 정확한 객수는 알 수 없지만, 지인이 예상하고 있는 객단가에 훨씬 미치지 못한다는 것을 눈으로 확인했다.

지인은 분명 2명이 오면 커피 2잔, 메인 메뉴 2개를 주문할 것이라 했지만, 우리는 메인 메뉴 1개를 나눠 먹는 모습만 보았다. 그 테이블만 그런 것이 아니라 다른 테이블 역시 마찬가지였다. 6명이 왔는데 3개를 시켜서 나눠 먹고, 엄마와 아들이 와서 아들만 시켜주고 엄마는 먹지 않는 모습. 아무리 단가가 높은 메뉴가 많다 하더라도 추가로 음료를 마시지 않고, 베이커리 등 사이드를 주문하지 않으면, 또한 여러 명이 와서 1가지만 주문한다면 객단가는 낮아질 수밖에 없다.

객단가보다 더 중요한 것은 객수라고 말하고 싶다. 객수가 받쳐주면 객단가를 높이기 위한 전략을 세울 수 있고 객수가 받쳐준다는 것은 우리 매장에 지속해서 방문하는 단골이 있다는 뜻이다. 큰맘 먹고 오픈을 했는데 찾는 사람이 별로 없다면? 그리고 한 번 찾은 고객이 다시 오지 않는다면 객수는 줄어들게 된다. 매출을 늘리기 위해서는 줄어든 객수에서 객단가를 높일 수밖에 없는데 이것은 매우 유동적이고 유지하기가 힘들다.

매출이 비슷한 매장인데, A매장은 항상 북적대고 사람이 많다. 반면 B매장은 한적하고 사람 구경하기가 힘들다. A매장은 객단가가 낮고 B매장은 객단가가 높기 때문에 매출은 비슷하지만 사람들은 지나가면서 어느 매장을 더 잘되는 곳이라고 인식할까?

사람들은 누구나 장사가 잘되는 매장을 부러워한다. 더 빨리 소문이 나고 입소문이 날 수 있는 곳은 당연히 A매장이다. 그래서 초기에는 오픈행사를 하면서까지 고객유치를 하려고 노력한다. 객수를 늘리면 입소문이 나서 단골을 확보할 수 있고, 이렇게 고객이 확보되면 신메뉴와 시즌메뉴, 사이드메뉴 등으로 객단가를 높임으로써 매출을 올리는 데 용이하기 때문이다.

장사는 입소문이 중요하다. 요즘은 저가 열풍이 거세다. 싸고 맛있고 재료도 신선하고 서비스도 좋아야 한다. 저렴하다고 품질까지 낮아져는 안 된다는 얘기다. 많이 아끼려고 하지 말고 아낌없이 좋은 제품과 서비스로 승부를 해야 한다. 그렇게 되면 당연히 객수는 늘어나고 날씨에 따라 시즌에 따라 매출이 오르락내리락해도 안정된 객수로 매장을 더욱 효율적으로 운영할 수 있다.

당장 싸고 비싸고가 아닌 고객이 흔쾌히 구매의사를 가질 수 있는 객단가 책정이 중요하다. 아무리 괜찮다고 생각하는 객단가도 구매고객이 없다면 매출은 절대 나오기 어렵다. 창업 전에 미리 객수와 객단가를 따져보길 바란다. 주변 커피전문점, 비슷한 업종 등을 방문해서 눈으로 확인해봐야 정확하다.

04

개인카페 vs 프랜차이즈, 좋고 나쁜 것은 없다

카페창업을 할 때 제일 고민되는 것이 개인카페로 할까? 아니면 프랜차이즈 가맹점으로 카페를 창업할까? 하는 것이다. 어떤 사람은 개인카페를 하겠다고 하고, 또 어떤 사람은 프랜차이즈카페를 하겠다고 한다. 개인카페와 프랜차이즈, 둘 다 장단점이 있다.

개인카페는 개인 브랜드이기 때문에 인테리어, 매장 분위기, 메뉴를 자유롭게 할 수 있다는 장점이 있다. 상권에 맞게 원두 맛, 메뉴 차별화를 할 수 있고, 무엇보다 가맹비, 로열티, 물류비 등이 없기 때문에 더 많은 수익을 남길 수 있다.

하지만 아무 준비도 없이 경험도 없이 흉내 내는 식의 개인카페창업은 대부분이 6개월도 채 못 버티고 폐업을 하는 경우가 많다.

특히 우후죽순 한 상권에 커피전문점이 밀집하는 경우에는 체계적으로 운영되는 프랜차이즈 못지않게 신경 쓸 부분이 한둘이 아니다. 본사 지원 없이 하나부터 열까지 모든 것을 스스로 준비하고 연구하고 해결해야 한다.

프랜차이즈카페의 장점은 초보자도 관련 경험이 없어도 본사의 체계적인 시스템과 노하우를 통해 안정적으로 오픈할 수 있다는 것이다. 어떤 콘셉트로 인테리어를 하고 공사를 진행하고 빠짐없이 체크해야 할 부분은 어떤 것이 있는지 상의할 수 있는 지원군도 있다. 직원관리, 급여, 스케줄 운영, 서류 등 의외로 준비할 것이 많기 때문에 도움을 받을 수 있다.

그럼에도 단점이라면 본사의 지침과 매뉴얼을 따라야 하고, 특이사항이 있으면 보고를 해서 허락을 받은 뒤에 행해야 한다는 점이다. 혹시라도 독자적으로 본사와는 다르게 운영을 하게 되면 가맹 해지가 될 수도 있다. 내가 하고 싶어도 본사에서 원하지 않고 허락을 하지 않으면 내 마음대로 매장을 구성하거나 운영할 수 없다. 또한 프랜차이즈 브랜드에 따라 다르지만 보증금, 가맹비, 로열티와 같은 비용이 추가로 발생하고 인테리어비용도 개인카페로 진행하는 것보다 더 많이 발생할 수 있다.

개인카페든 프랜차이즈카페든 둘 다 좋고 나쁜 것은 없다. 왜냐하면 모두 양면성을 가지고 있기 때문이다. 창업을 하는 사람이 어떤 상황이고 어떤 관점에서 바라보느냐에 따라 개인카페가 좋을 수도 있고 프랜차이즈카페가 좋을 수도 있다.

필자는 사실 처음에 개인카페로 하고 싶은 마음이 컸다. 왜냐하면 초기 비용에 대한 부담이 있어서 조금이라도 저렴하게 오픈을 해서 나만의 콘셉트로 인테리어도 하고 음료도 제공하고 싶었기 때문이다. 그런데 남편이 나에게 무조건 프랜차이즈카페를 해야 한다고 이야기했다. 그 이유는 가게를 창업해 본 적도 없고, 카페에서 커피를 즐긴 적은 있지만 직원으로 근무를 해봤거나 커피공부를 따로 해본 적도 없기 때문이다. 원두 공급부터 재료공급 물류는 어떻게 할 것이며, 카페를 창업할 때 인테리어부터 전기공사, 포스결제시스템, 카드단말기, 매장음악, 집기, 인테리어, 가구 등 챙길 것이 한두 가지가 아닌데 어떻게 하겠냐는 것이다.

필자는 본업이 있는 사람이다. 본업을 하면서 하나부터 열까지 다 챙기고 공부하고 할 시간도 여력도 부족했다. 어설프게 시작했다가는 본전도 못 건지고 폐업할 수도 있기에 신중해야 했다. 단순히 머릿속에 그려본 카페에 대한 낭만을 가지고 자신감으로 밀어붙이기엔 많은 시행착오가 예상되었다. 초기 투자비용을 절감하고 수익을 조금이라도 많이 남기면 좋겠지만 중요한 건 단순히 카페창업이 아니라 성공 창업이다. 무조건 성공시켜야 했고, 그렇게 하기 위해서는 리스크(Risk)를 피하고 안전한 길을 가야 했다. 나의 본업을 지키면서도 제대로 시작할 수 있도록 도와주는 시스템이 프랜차이즈카페였고 그 안에서 나의 강점을 강조하고, 약점을 보완할 수 있었기 때문이다.

자신의 상황을 객관적으로 바라보고 그 상황에서 최적의 시스템을 찾아야 한다. 그것이 개인카페가 될 수도 있고, 필자처럼 프랜차이즈카페가 될 수도 있다. 다시 말하지만, 정답은 없다. 상황에 맞게 선택하면 되는 것이다.

내 커피 잔 속에 위안이 있다.

– 빌리 조엘

"

처음부터 무리해서 오픈을 하게 되면

스트레스가 이만저만이 아닐 텐데

초기에 그런 부분도 공유하고 고민을 해서

이겨낼 수 있는 든든한 지원군이

생겼다는 사실이 기뻤다.

정말 많은 고민과 걱정을 했는데

우리에게 딱 맞는 그리고 원하는

프랜차이즈를 만난 것이다.

"

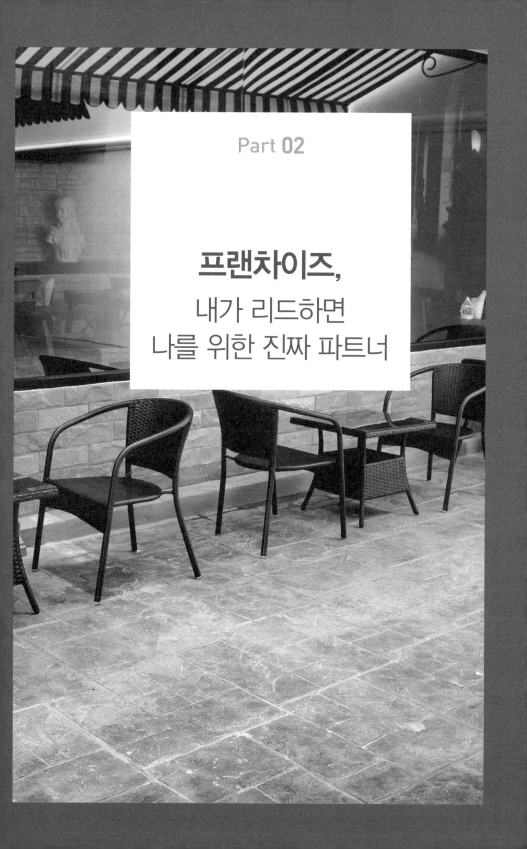

Part **02**

프랜차이즈,
내가 리드하면
나를 위한 진짜 파트너

나에게 맞는
커피전문점을 찾아라

프랜차이즈카페를 하기로 마음은 먹었는데 어떤 브랜드로 오픈할 것인가?

인터넷에 검색해보니 내가 그동안 알고 있던 것보다 훨씬 많은 브랜드가 쏟아져 나왔다. 알아보면 알아볼수록 더욱 혼란스럽고 정신이 혼미해지면서 판단력이 흐려지고 있었다. SNS상에 나온 정보를 보면 다 괜찮아 보이고, 단점을 찾기가 쉽지 않았다.

몇 군데 전화를 걸어 사업설명회 참석과 미팅을 하기로 한 날, 남편에게 이야기를 했더니 몇 년 전부터 봐온 브랜드가 있는데 이 브랜드로 했으면 좋겠다고 진지하게 나를 설득했다. 이유는 다름 아닌 그동안 지켜봤는데 개인카페인 줄 알았던 그 카페가 지금까지도 성업 중이고, 그 주변에 가맹점들이 눈에 띄게 많이 생겼다는 것이다. 또한 그 카페를 운영하고 있는 점주와 이야기를 나누었는데 본사가 가맹점에 로열티를 받지 않고 자유롭게 운영할 수 있도록 해준다는 부분이 마음에 들었다고 한다.

일단 연락을 해서 미팅을 하기로 했다. 본사의 직원이 전화를 받고 미팅을 나올 줄 알았는데 예상외로 대표이사님과 직접 연결되어 미팅이 진행되었다. 본사 홈페이지에 공지되어 있는 내용과 궁금한 점, 확인하고 싶은 사항들을 마인드맵으로 작성해서 갖고 갔다.

미팅을 하는 내내 기록하고 확인하면서 불안감은 안도감으로 바뀌고, 걱정은 희열로 바뀌고 있었다. 프랜차이즈를 하면서 내 강점을 살려서 특강을 하고 싶고, 책도 전시하고 싶다고 했는데 얼마든지 가능하다고 했다. 포스터도 직접 만들고 싶고 신메뉴도 만들고 싶다고 했는데 좋다고 괜찮다는 답이 돌아왔다.

개인카페의 강점인 자유로움을 추구하면서 본사의 든든한 지원을 받아 프랜차이즈로 창업을 하면 체계적으로 접근하고 더 철저하게 준비해서 오픈할 수 있으리라. 창업비용도 저렴하고 실제 본사 직영점 매출과 순이익 내역을 보여주신 점도 믿음이 갔다.

처음부터 무리해서 오픈을 하게 되면 스트레스가 이만저만이 아닐 텐데 초기에 그런 부분도 공유하고 고민을 해서 이겨낼 수 있

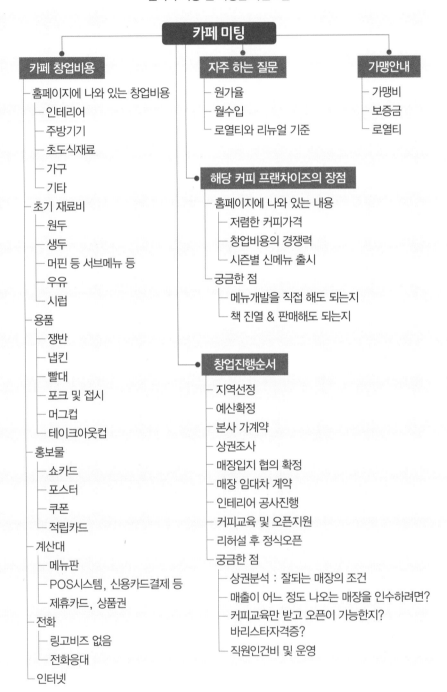

필자가 미팅 전 작성한 마인드맵

카페 미팅

카페 창업비용
- 홈페이지에 나와 있는 창업비용
  - 인테리어
  - 주방기기
  - 초도식재료
  - 가구
  - 기타
- 초기 재료비
  - 원두
  - 생두
  - 머핀 등 서브메뉴 등
  - 우유
  - 시럽
- 용품
  - 쟁반
  - 냅킨
  - 빨대
  - 포크 및 접시
  - 머그컵
  - 테이크아웃컵
- 홍보물
  - 쇼카드
  - 포스터
  - 쿠폰
  - 적립카드
- 계산대
  - 메뉴판
  - POS시스템, 신용카드결제 등
  - 제휴카드, 상품권
- 전화
  - 링고비즈 없음
  - 전화응대
- 인터넷

자주 하는 질문
- 원가율
- 월수입
- 로열티와 리뉴얼 기준

해당 커피 프랜차이즈의 장점
- 홈페이지에 나와 있는 내용
  - 저렴한 커피가격
  - 창업비용의 경쟁력
  - 시즌별 신메뉴 출시
- 궁금한 점
  - 메뉴개발을 직접 해도 되는지
  - 책 진열 & 판매해도 되는지

창업진행순서
- 지역선정
- 예산확정
- 본사 가계약
- 상권조사
- 매장입지 협의 확정
- 매장 임대차 계약
- 인테리어 공사진행
- 커피교육 및 오픈지원
- 리허설 후 정식오픈
- 궁금한 점
  - 상권분석 : 잘되는 매장의 조건
  - 매출이 어느 정도 나오는 매장을 인수하려면?
  - 커피교육만 받고 오픈이 가능한지?
    바리스타자격증?
  - 직원인건비 및 운영

가맹안내
- 가맹비
- 보증금
- 로열티

는 든든한 지원군이 생겼다는 사실이 기뻤다. 정말 많은 고민과 걱정을 했는데 우리에게 딱 맞는 그리고 원하는 프랜차이즈를 만난 것이다.

프랜차이즈 브랜드를 선정할 때 중요한 점은 사람마다 다를 수 있다. 내 경우에는 브랜드 홈페이지에 나와 있는 창업비용과 수익구조, 가맹점의 **의사존중과 자율성**이었다. 몇 년 동안 지켜본 브랜드에 대한 믿음과 성장가능성, 한자리에서 꾸준하게 영업을 하고 있는 가맹점과 계속 증가하는 가맹점수, 다점포율, 선배 점주의 이야기, 그리고 대표이사의 미팅까지 진행하면서 더 확실하게 나에게 맞는 브랜드라고 생각했다. 바로 다음 날 프랜차이즈 가맹점으로 계약을 했고, 우리는 한배를 타고 멋지게 순항 중이다.

> **TIP** **프랜차이즈 브랜드 통계정보, 정보검색 사이트를 활용하라!**
>
> ※ 최신 자료를 확인하기 위해서는 브랜드 본사의 홈페이지, 사업설명회, 브랜드 매장의 선배점주의 사례를 들어보는 방법, 매장에 직접 가서 눈으로 확인하는 방법을 활용할 것
>
> 1. 프랜차이즈파트너스 홈페이지 http://www.fcpartners.co.kr 접속
> 2. 회원가입
> 3. 로그인
> 4. [브랜드 검색] 창에서 관심있는 브랜드명 기입 후 검색버튼 클릭
> 5. 검색된 자료 확인

프랜차이즈 브랜드를 선정할 때 다점포율을 확인하라!

프랜차이즈 다점포율은 프랜차이즈의 전체 가맹점 중 점주 한 명이 2개 이상 점포를 낸 '다(多)점포'의 비중을 뜻하는데, 첫 번째 점포에 만족한 뒤 같은 브랜드의 점포를 추가 출점한 것이므로, 다점포율이 높을수록 일반적으로 해당 브랜드에 대한 점주들 만족도가 높다고 볼 수 있다.

프랜차이즈 관심 업종의 최근 데이터를 확인하라!

프랜차이즈 관심 업종에 대한 최근에 보도된 데이터를 확인하는 습관을 들인다.
전문기관에서 분석하고 보도된 자료를 참고하면 도움이 된다.
브랜드별 가맹점수, 연평균 매출액, 가맹금 및 기타 비용 등을 세부적으로 파악하고 이해하는 데 도움이 된다.
한국공정거래조정원(http://www.kofair.or.kr) 참고할 것!

02

좋은 자리는
발품과 함께 온다

누구나 장사를 생각하면 '좋은 자리'를 떠올릴 것이다.

그런데 그런 좋은 자리는 기본 권리금이 최소 3천만 원에서 5천만 원, 1억 원 이상인 곳이 대부분이다. 자본이 많고 여유가 있다면 부담을 해서라도 그 자리를 들어가겠지만, 초기 여유 자본이 없다면 가능성이 있는 좋은 자리를 찾아 나서야 한다.

사실 말은 이렇게 했지만, 창업 초보가 좋은 자리를 찾기란 어려운 일이다. 싸고 좋은 자리를 어떻게 구한단 말인가? 프랜차이즈 본사에 상담을 요청했다. 먼저 가계약(假契約) 비용을 보내면 본사에서 상권을 분석해서 좋은 입지를 추천해준다고 한다. 창업 초보이기에 이 방법이 좋겠다고 생각했다. 그렇게 의뢰한 지 1주일,

2주일이 지나도록 소식이 없었다. 마음은 벌써 카페창업에 들떠 있는데 자리가 깜깜무소식인 것이다. 나중에 알고 보니, 많은 대기자 사이에 내 순서가 아직 되지 않았고, 그때가 또 창업이 몰렸던 터라 더욱 그랬다.

이대로는 안 되겠다 싶어 그때부터 직접 발품을 팔며 돌아다니기 시작했다. 집 주변 상권부터 시작해서 서울, 일산, 부천, 인천 등 거리는 수도권이면 많은 제한은 두지 않았다. 그렇게 거리가 광범위하다 보니 자리 구하기가 더욱 어려웠다.

선택과 집중이 필요했다. 일단, 지역은 인천으로 정했다. 본사가 일산, 파주에서 시작해서 일산, 파주는 포화인 것 같았고, 부천도 웬만한 상권에는 다 들어가 있었다. 인천은 찾아보니, 다른 구에는 많은데 서구 쪽 상권에 없는 것이 눈에 들어왔다. 지역을 인천 서구로 정하고, 창업비용을 최소로 해야 하기 때문에 10평 정도가 적당한 듯싶었다. 평수는 10평~15평으로 기준을 정했다.

그다음은 보증금과 월세다. 보증금은 나올 때 돌려받을 수 있지만 월세는 매달 주인에게 내야 한다. 부담이 되지 않을 금액을 정했다. 다음은 권리금이다. 좋은 상권에 좋은 입지를 갖고 있으면 바닥 권리금은 올라간다. 지하철역 근처, 즉 역세권이나 사거리, 버스정류장 앞, 도로변 등 가시효과가 뛰어나고 유동인구가 많으면 아무래도 장사가 잘되기 때문에 권리금이 올라가게 되는 것이다. 영업권리금은 기존에 장사가 잘돼서 순수익이 많이 나오면 나올수록 그 가치에 따라 올라가는 금액이다. 시설권리금은 인테리어, 집기, 시설 등이 1년, 2년, 3년 등 오픈한 뒤 연수가 낮으면 낮을수록 새 시설이므로 그에 따른 감가상각에 따라 시설권리금이 생긴다. 단, 여기서 알아야 할 부분은 동종 업종이 아닌 다른 업종을 오픈할 경우에는 영업권리금과 시설권리금은 얼마든지 협의가 된다는 것이다.

만약 카페를 창업하고자 하는 자리에 다른 업종, 예를 들면 고깃집이나 치킨집, 옷가게가 있었다면 기존 인테리어나 시설을 그대로 인수하는 경우는 거의 없다. 특히 프랜차이즈카페의 경우에는 인테리어 디자인과 콘셉트가 있기 때문에 깨끗한 시설도 새로 인테리어를 하게 되는 경우가 많다. 따라서 기존 업종을 하는 세입자가 요구하는 권리금에서 얼마든지 낮춰서 계약이 가능하다.

필자는 처음 인천시 검단에 오픈을 할 때 부동산에서 자리를 보여주면 그중에 괜찮다 싶은 자리를 생각해놓고 수시로 와서 체크를 했다. 주변에 무엇이 있고 유동인구는 얼마나 있는지 아침 일찍 와서 지나가는 사람을 시간대별로 연령, 성별로 구별해서 작성했다. 그렇게 작성한 것을 프랜차이즈 본사 대표님께 보내드렸는데 그 정성 때문일까, 그날 바로 그 주변에 와서 상권분석을 해주고 여러 자리를 추천해주셨다.

여러 자리 중에서도 비용적으로도 마음적으로도 끌린 곳은 도로변이 아닌 살짝 들어간 골목에 위치한 매장이었는데 처음에는 마냥 우중충해 보였던 매장이 주변을 둘러보니 횡단보도를 건널 때 바로 보이는 자리이고 위쪽에 잘되는 맛집이 많으며 옆쪽에는 우체국도 있어 나쁘지 않은 자리라는 느낌이 왔다.

최근까지 고깃집이었고 계속해서 업종이 교체되어서 시세보다 저렴하게 나온 자리였다. 싼 자리라고 해서 무조건 안 좋은 자리는 아닐 수 있다. 좋은 자리는 일단 뚜껑을 열어보고 오픈을 해봐야 정확하게 알 수 있다. 창업 초보인 내가 완벽한 자리를 알고 시작한다면 창업 신(神)이 아니겠는가! 100퍼센트 확신은 없지만, 괜찮을 것이라는 60퍼센트 긍정적인 마음으로 시작을 했다. 그렇게 카페창업 오픈! 고객들은 오실 때마다 이렇게 말한다.

"어머! 안에도 엄청 넓네요. 동네에 예쁜 카페가 생겨서 너무 좋아요!"
"이 골목이 어두웠는데 골목이 밝아져서 정말 좋아요!"

또 3개월 뒤, 고객들은 이렇게 말했다.
"여기 카페 자리네."
"아늑해서 좋아요. 자주 올게요!"

지금은 동네 어르신부터 학생, 연인, 직장인 등 다양한 연령대의 고객들이 단골이 되어 우리 매장을 찾는다. 좋은 자리는 쉽게 오지 않는다. 가만히 앉아서 기다리지 말고, 직접 보고 돌아다니면 부동산에서도 내 조건에 맞는 자리를 적극적으로 찾아준다. 본사와 부동산, 그리고 내 주변 상권을 직접 둘러보며 여러모로 좋은 자리를 직접 찾아 나서야 한다.

자리의 운은 타이밍도 중요하기 때문에 간발의 차이로 자리를 놓치는 수도 많다. 첫 번째 매장도 내가 계약하기로 하고 1시간 뒤에 계약하겠다는 사람이 나타났다. 늘 예의주시하고 지금 당장 창업할 돈도 없고, 계획도 없다고 미루기보다는 지금부터 차근차근 보는 눈을 키우고 준비를 해두는 것이 좋다.

필자는 앞으로도 계속해서 창업을 계획하고 있다. 좋은 자리를 찾기 위해 걸어 다니면서, 차를 타고 이동하면서 항상 주변을 살펴보는 습관이 생겼다. 지금부터 차근차근 관심을 가지고 보면 더 여유 있게 대안을 가지고 다각도로 좋은 자리를 찾을 수 있기 때문이다. 커피에 대한 수요는 너무나 많다. 커피를 찾는 사람들이 아직도 많다. 그러나 골목들, 도로변 많은 곳에 커피집이 있는데 잘되는 커피숍이 되기 위해서는 내가 하기 나름이다. 기회는 준비한 사람에게 오는 법이다. 창업을 하고 싶다면, 지금부터 자리를 선점하라.

03

오픈 디데이 플랜은
직접 작성하라

대학교 졸업 후 첫 직장은 백화점이었다. 이제 막 부상하고 있는 신도시 사거리 코너에 건축하기 시작한 백화점은 규모가 어마어마했다. 직원들은 6개월 전부터 채용되어 오픈을 위한 여러 가지 계획과 준비를 하고 있었다. 그때 나는 경영지원팀에서 총무, 인사, 비서를 맡고 있었는데 들어온 지 얼마 안 된 신입이라 어떤 것부터 어떻게 해야 할지 잘 몰랐다. 그래서 처음에는 시키는 일만 하다가 꾸지람을 들은 적도 많았다. 그렇게 오픈일은 점점 다가오는데 전체를 모르고 일을 하다 보니 막판에 뒤죽박죽 일이 몰리기 시작했다. 아침부터 밤늦게까지 야근을 하며 하루도 못 쉬고 일을 하면서 오픈한 뒤에도 정말 많은 고생을 했다.

그때 절실히 깨달았다. 오픈 플랜 준비가 얼마나 중요하고, 또 중요한 부분인지 말이다. 이처럼 창업을 하고 오픈을 한다는 것은 정말 어마어마하게 중요한 일이다. 처음 시작하는 카페창업, 제대로 준비해서 오픈해야 성공할 수 있다. 오픈을 했는데 레시피를 익히지 못해서 헤맨다거나 재료가 준비되지 않아서, 집기나 시설물이 덜 입고되어서 고객을 놓친다면 큰 일이다. 오픈 전부터 제대로 플랜을 짜서 계획해야 차질이 없다.

본사에 오픈 플랜이 준비가 된 브랜드도 있고 그렇지 않은 곳도 있다. 내가 본사에서 받은 오픈 플랜은 내가 원하는 스타일이 아니었다. 디테일한 내용이 빠져 있는 경우도 있고, 오픈시기에 따라 오픈지역에 따라 관할기관, 담당자, 연락처가 다르고 처리속도, 처리기간도 다를 수 있기 때문에 나에게 꼭 맞는 오픈 플랜이 필요했다.

본사 대표님, 슈퍼바이저, 전기공사실장님, 인테리어실장님, 냉난방기사장님 등에게 자주 전화를 걸어서 일정체크를 하고 준비해야 하는 사항들을 빠짐없이 미리 기록했다. 그 사항들은 마인드맵으로 정리해서 일정별로 해야 할 일, 방문할 곳, 준비서류 및 비용, 연락처, 담당자 등 세세하게 기록했다.

처음에 정리를 해서 매뉴얼화하는 것은 어렵지만, 이렇게 해놓으면 2호점, 3호점을 할 때 훨씬 수월하게 창업을 할 수 있다. 마인드맵으로 디테일하게 정리를 하다 보면, 큰 그림이 그려지고 인테리어공사를 하는 동안 해야 할 일이 정말 많다는 것을 알게 된다.

내가 창업을 원하는 날짜를 미리 정해놓고, 2개월 전부터 D-60일 기준으로 며칠 전에 어떤 것을 해야 하는지 우선순위를 정하고 준비사항을 순차적으로 작성하면 준비하기가 훨씬 수월하다. 그래서 필자는 본사 홈페이지에 공지되어 있는 창업진행 순서를 참고하고 실제 각 분야 담당자들과 수시로 의사소통을 하면서 내 매장에 맞는 오픈 플랜을 직접 작성했다. 이렇게 하면 갑자기 본사에서 이렇게 해라 저렇게 해라 등의 지시를 받지 않아도 되고, 큰 그림을 직접 그리면서 준비하기 때문에 본사에서 놓치는 부분, 부족한 부분도 개선을 요구할 수 있다.

필자가 마인드맵으로 작성한 카페창업 오픈 D-Day플랜

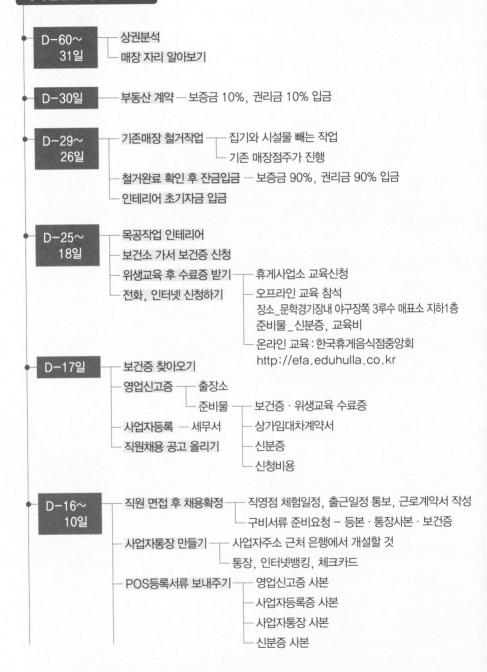

커피전문점 창업 로드맵

D-60~ 31일
- 상권분석
- 매장 자리 알아보기

D-30일
- 부동산 계약 ─ 보증금 10%, 권리금 10% 입금

D-29~ 26일
- 기존매장 철거작업 ─┬─ 집기와 시설물 빼는 작업
  - └─ 기존 매장점주가 진행
- 철거완료 확인 후 잔금입금 ─ 보증금 90%, 권리금 90% 입금
- 인테리어 초기자금 입금

D-25~ 18일
- 목공작업 인테리어
- 보건소 가서 보건증 신청
- 위생교육 후 수료증 받기 ─┬─ 휴게사업소 교육신청
- 전화, 인터넷 신청하기 ───├─ 오프라인 교육 참석
  - │ 장소_문학경기장내 야구장쪽 3루수 매표소 지하1층
  - │ 준비물_신분증, 교육비
  - └─ 온라인 교육 : 한국휴게음식점중앙회
  -    http://efa.eduhulla.co.kr

D-17일
- 보건증 찾아오기
- 영업신고증 ─┬─ 출장소
  - └─ 준비물 ─┬─ 보건증 · 위생교육 수료증
- 사업자등록 ─ 세무서 ├─ 상가임대차계약서
- 직원채용 공고 올리기 ├─ 신분증
  - └─ 신청비용

D-16~ 10일
- 직원 면접 후 채용확정 ─┬─ 직영점 체험일정, 출근일정 통보, 근로계약서 작성
  - └─ 구비서류 준비요청 ─ 등본 · 통장사본 · 보건증
- 사업자통장 만들기 ─┬─ 사업자주소 근처 은행에서 개설할 것
  - └─ 통장, 인터넷뱅킹, 체크카드
- POS등록서류 보내주기 ─┬─ 영업신고증 사본
  - ├─ 사업자등록증 사본
  - ├─ 사업자통장 사본
  - └─ 신분증 사본

본사교육 참석하기 ── 오전 10시~오후 5시
　　　　　　　　　└─ 주차 : 건물 뒤편에 가능

D-7~5일

직영매장 체험하기 ── 오픈 때 오전 9시~오후 1시
　　　　　　　　　├─ 마감 때 오후 6시~10시
　　　　　　　　　└─ 피크타임 때 낮 12시~4시

슈퍼바이저 ── 초도물량 리스트에서 뺄 것 체크해서 알려주기
의사소통　 ├─ 커피쇼핑몰 가입 후 아이디 알려주기
　　　　　 └─ 커피브랜드 카페 가입 아이디 알려주고 등업요청하기

가구, 집기, 간판, POS, 머신 등 입고확인

청소도구 구입 ── 청소기 · 마포걸레
　　　　　　　├─ 빗자루, 쓰레받기
　　　　　　　├─ 쓰레기봉투 · 쓰레기통 2개
　　　　　　　├─ 큰 비닐, 다용도 비닐 다량 · 물티슈 큰 사이즈
　　　　　　　├─ 행주 · 앞치마 · 직원 셔츠
　　　　　　　├─ 테라스 의자, 테이블
　　　　　　　├─ 현관매트 · 직원 의자
　　　　　　　└─ 설거지통 · POP 케이스

D-4일

매장청소
필요물품 구입 ── 락앤락통
　　　　　　　├─ 빨대꽂이
　　　　　　　└─ 접시 · 포크 등

D-3일

POS입고 및 사용법, 코드 익히기
초도물품 입고 및 음료 만들기 연습

D-2~1일

레시피 음료 연습 및 POS 익히기

**D-day
오픈!**

04

프랜차이즈를 프렌드로
만드는 건 나의 몫

    지금 하고 있는 프랜차이즈의 가맹점은 내가 오픈한 1년 사이에도 매장수가 늘어나고 규모가 커지면서 점점 본사의 관심도 신규 점포에 초점이 맞추어지고, 기존 점포에는 아무래도 관심이 덜할 수밖에 없는 듯하다.

    지역마다 슈퍼바이저가 정기적으로 방문도 하고, 매장관리나 운영에 대해 도움을 주긴 하지만 오픈 전, 오픈 직후에 비해 뜸한 것도 사실이다. 처음에는 체크할 부분, 놓치는 부분, 재료관리, 재고관리, 여러 가지 변수가 속출하지만 이후에는 별문제 없이 적응되어 잘 운영되기 때문이다. 오픈한 지 얼마 되지 않았을 때 일이다. 직원에게 전화가 걸려왔다.

"사장님, 본사에서 재료를 받았는데요. 휘핑크림이 안 왔어요…."

주문한 휘핑크림 2개가 안 왔다는 말을 듣고 본사 물류직원에게 전화를 걸었다. 사실 오픈한 지 얼마 안 되어 매출이나 여러 걱정이 많았던 탓에 예민해진 터라 재료를 빠뜨린 것이 기분이 매우 안좋았다. 물류팀에 전화를 걸어서 이야기했는데 물류팀에서는 분명히 주었다고 틀림없다고 말했다.

CCTV로 확인해보니, 본사 물류팀의 말이 맞았다. 분명히 2개를 주었고, 직원이 실수로 냉장고에 넣어두고 안 왔다고 혼동한 것이다. 얼굴이 화끈거리고 제대로 확인하지 않고 본사 탓으로 돌린 부분과 실랑이를 벌인 것이 내심 걸렸다. 일단, 직원에게 주의를 주고 본사에 전화를 걸어 사람이 하는 일이다 보니 서로 실수할 수 있으니 너그러운 마음으로 서로 이해해 주었으면 한다고 얘기했다.

그 뒤로, 난 무작정 본사를 의심하고 따지기보다는 서로 좋은 방향으로 함께해 나갈 수 있는 방법으로 생각을 전환했다. 때로 본사에서 재료가 잘못 올 때도 있고, 실수를 할 때도 있지만 일부러 그런 것은 아니다. 잘못된 것을 바로잡는 것은 맞지만 서로 싸우거나 등을 돌릴 필요는 없다. 우리는 한배를 타고 있다. 함께 노를 저어서 올바른 방향으로 가는 것이 중요하다.

본사에서 운영하는 커뮤니티 카페에 가면 본사에서 올리는 신메뉴, 레시피, 다양한 정보를 접할 수 있고, 점주들이 함께 정보를 공유하는 커뮤니티 밴드에 들어가면 선배 점주들의 노하우와 유익한 정보들이 가득하다. 본사와 다른 점주들과 자주 소통하다 보면 아직도 배울 것, 노력해야 할 부분이 정말 많고 동기부여가 된다. 그래서 프랜차이즈를 하길 참 잘했다는 생각은 이럴 때 많이 든다. 갑작스럽게 문제가 생겼을 때가 한두 번이 아닌데, 이 얼마나 든든한가. 이렇게 모두가 프렌드(Friend)로 친밀하게 소통할 수 있다는 점이 위안이 된다.

본사에서 운영하는 커뮤니티 카페에 어느 점주님이 글을 올리셨다. 본사 차원에서 직원 서비스교육을 해주었으면 하는 내용이었다. 본사 아카데미에서 커피교육과 기본 서비스교육을 진행하지만 시간적으로나 현실적으로나 부족한 부분이 있어서 필자가 직접 직원들 교육을 진행하곤 했는데, 갑자기 도움을 드리고 싶다는 생각이 들었다.

프랜차이즈 본사 대표님께 연락을 해서 상황을 이야기하고 필자가 직접 교육을 하고 싶다고 얘기했다. 물론 무료로 말이다. 그렇게 본사에서는 동계 점주 워크숍을 기획했고, 난 내 본업을 살려 우리 커피전문점 브랜드에 맞게 사례와 스킬을 넣어서 서비스교육을 진행했다. 순수한 뜻으로 진행해서인지 점주들도 마음을 열고 즐거운 분위기 속에 교육이 잘 마무리가 되었고, 그날 이후로 많은 점주님과 더 친밀하게 소통하고 또 감사 인사도 받아서 기뻤다. 또한 본사의 많은 직원이 나를 알아봐 주고 기억하며 어쩌다 재료 때문에 본사에 들르거나 매장에 본사 직원이 오면 예전보다 더 반갑게 맞이해주셨다.

　그 뒤로 본사에서는 지역별로 대표 점주를 선정해서 미팅하며 아이디어를 공유하고 함께 소통하는 커뮤니티를 하고 있는데, 이때도 어느 점주님께서 나를 추천해주신 덕분에 내가 지역대표로 선정될 수 있었다. 점주들과 좋은 관계를 구축하고, 본사와도 긴밀하게 협조하고 소통하면서 더욱 끈끈해져 더 이상 가맹점과 본사가 아닌 그리고 가맹점끼리도 경쟁하는 관계가 아닌 서로가 돕고 지원하는 프렌드가 되어가고 있다.

'가비(加比)'는

커피(Coffee)의 영어 발음을 따서 부른 고어(古語)로,

조선시대에는 '가비차' 또는 '양탕국'으로 불리기도 했다.

우리나라에 커피가 처음으로 들어온 시기는

대략 1890년 전후로 추정되는데

누군가는 러시아인이 전했다 하고,

또 누군가는 일본인이 전했다 하여

전파 경로에 대해서는 의견이 분분하다.

출처_《고종, 스타벅스에 가다》

"
작은 커피전문점이라도

시스템이 있고 없고는 천지차이다.

조금만 관심을 가지면

모두가 편리하게 안심하고 이용할 수 있는

시스템으로 정착될 수 있다.

시스템은 거창한 것이 아니다.

작은 것, 작은 관심에서 시작됨을

잊지 말자.

"

Part **03**

시스템,
1평짜리 가게에도
시스템은 있어야 한다

프랜차이즈의
시스템을 활용하라

겉으로는 단순해 보이고 쉬워 보이는 카페도 안으로 세부적으로 들어가 보면 정말 시스템이 많다는 사실을 알게 된다. 필자는 카페를 창업하기 전, 카페에서 근무를 해본 적이 없기 때문에 매장운영에서 A부터 Z까지 다 익히고 시스템을 갖추는 것이 걱정이었다.

다행히 프랜차이즈로 결정하였기에 본사 직영매장 20곳 중 나의 매장과 가장 가까운 한 곳을 정해서 3일간 근무하면서 배울 기회가 생겼다. 미리 채용을 확정한 매니저와 직원 1명과 함께 첫날은 오픈근무를 하면서 맨 처음 매장에 나와서 해야 할 일들을 하나씩 익히고 몸으로 체득했다. 청소를 하는 것부터 시작해서 기기세팅, 재료준비, 비품세팅, 음악재생 등 사소해 보이는 일이지만 빠뜨리면 안 되는 일이기에 기록하고 사진촬영도 해서 저장했다. 레시피도 수시로 외우고 익히기 위해 노력했다.

둘째 날은 오후에 출근해서 마감하는 것을 배웠다. 함께 근무하는 시간에는 어떻게 파트를 나누어서 하는 것이 효율적인지, 식사는 어떻게 해결하는지 등 당연해 보이지만 직원관리를 해야 하는 입장이기에 세세한 것도 놓치지 않으려고 질문도 많이 했다.

셋째 날은 피크타임에 출근해서 바쁜 시간에 함께 근무하며 대응하는 것을 배웠다. 포스(POS)를 찍는 것부터 음료, 베이커리 제공 등 손발이 맞지 않으면 시간이 지체되기 때문에 눈치와 센스, 스킬이 중요함을 배웠다.

수시로 재료, 비품을 채우고 재고관리, 유통기한관리는 물론 빨대, 냅킨, 컵, 홀더, 리드(뚜껑) 등 소모품을 세팅하는 방법, 쇼케이스(Showcase) 냉장고 진열방법, 매장 오픈 시 본사에서 지원되는 비품과 그렇지 않은 것에 대비해 구입해야 하는 품목들도 기록하고 미리미리 시간이 날 때마다 하나씩 준비해나갔다.

베이커리 주문이 들어왔을 때, 음료와 베이커리를 최적의 맛으로 맞추어 제공하는 것이 좋은데, 일단은 베이커리를 먼저 조리하고, 그다음 음료를 만드는 것이 좋다. 보통 베이커리 조리시간은 짧게는 1분 30초에서 길게는 5분까지다. 미리 커피를 준비하거나 음료를 제조하면 신선도가 떨어질 수 있으므로 전체 시간을 고려해서 바로바로 신선하게 준비하는 것이 좋다.

음료가 나갈 때 음료별로 어떤 빨대를 제공해야 하는지, 베이커리를 손질하고 조리할 때 오븐으로 조리해야 하는지, 레인지로 조리해야 하는지, 그리고 몇 분을 어떻게 조리해서 고객에게 제공해야 하는지도 중요하다. 접시, 포크, 나이프를 놓고, 소스와 생크림을 예쁘게 먹음직스럽게 제공하기 위한 스킬도 필요하다. 생크림(휘핑)을 제조하는 방법, 잘 안 나올 때 가스 교체 등 대응방법, 포장 주문 시 포장지 위치, 포장하는 방법 등도 중요하다.

오픈시간에 맞춰 매장문을 열고, 청소를 하고, 오픈준비를 한다. 주문을 받고 결제를 하고 음료제조, 음료제공, 테이블 정리정돈, 수시로 재료 및 소모품 채우기, 재료관리 및 보관, 재료주문 및 정리정돈, 냉장/냉동고 · 쇼케이스 진열방법, 포스개점 및 영업관리, 마감관리, 직원채용부터 계약서 작성, 스케줄관리, 직원교육, 고객관리, 신메뉴 및 레시피, POP교체, 매출관리, 매장온도, 기기점검 및 관리 등 매장운영 시스템이 제대로 갖춰져 있지 않으면 금세 매장은 엉망이 되고 만다.

직영매장에서 하고 있는 시스템을 처음에는 모방하는 것이 가장 좋다. 필자 또한 그렇게 시작했다. 직원채용, 근무시간, 근무교대, 식사 및 휴식시간, 월급, 레시피, 오픈 / 마감 / 피크타임 운영, 음료제조 및 제공방법을 동일하게 시작했고, 비품도 최대한 비슷한 것으로 준비해서 익숙해지도록 노력했다.

직원들과 함께 직영매장에서 체험하고 본사의 프랜차이즈 시스템을 모

방해서 우리 매장에 접목하면 그동안 쌓인 선배 매장의 시스템을 통해 매장운영의 효율성이 높아지고 실제 운영하는 데 정말 많은 도움이 된다. 직접 보고 듣고 느끼고 경험하면서 그동안 고객으로서 커피를 마실 때의 여유와 풍요로움이 직원과 매장에서 흘린 땀과 준비로 이뤄진다는 사실을 몸소 깨달았다. 작은 커피전문점이라도 시스템이 있고 없고는 천지차이다. 이미 갖춰진 시스템을 이용해 창업준비 시간을 절약하고 많은 시행착오를 줄일 수 있다.

> TIP
>
> 현장에서는 상황에 따라 베이커리 조리 시간이 정형화된 레시피와 다른 경우가 많다. 만약, 방금 전에 오븐을 사용했다면 열기가 남아 있으므로 조리시간을 줄이는 등 상황에 따라 유연하게 조절하라.

02

내 가게에 맞는
맞춤 시스템을 구축하라

본사에서 교육을 받을 때 매뉴얼 책자를 받았다. 그 안에는 매장 오픈 / 마감 체크리스트부터 기기점검 리스트, 커피 원두에 대한 정보, 고객서비스의 중요성과 응대방법 등 꼭 필요한 내용들이 수록되어 있었다. 하지만 직영매장에서 직접 몸으로 느끼며 익힌 경험과 매뉴얼에 없지만 매장에 필요한 체크리스트, 그리고 직영점 매니저와 직원들이 이야기해 준 살아 있는 정보들은 없었다. 또한 다른 가맹점에 전화모니터링, 방문모니터링을 하면서 느낀 청결, 고객응대 부분을 보완하고 싶다는 생각이 들었다.

그렇다. 프랜차이즈 가맹점이어도 이곳은 내 매장이다. 입지도 상권도 평수도 매장 구성과 동선도 방문하는 고객의 유형도 직원도 모두 다르다. 그렇기에 내 가게에 맞는 맞춤 시스템이 필요하다. 그래야만 직원이 바뀌어도 어떤 고객이 와도 우리 매장은 잘 운영될 수 있다.

처음에는 스타벅스, 엔제리너스, 할리스 등 대형 프랜차이즈의 매뉴얼을 구해서 접목해볼까 하는 생각도 했지만, 본사 매뉴얼을 활용해서 내 가게에 맞게 힘들더라도 만들어보자고 생각했다. 근사한 책자를 만들겠다는 마음보다 하나씩 만들어서 점차 모이면 그것이 바로 우리 매장에 맞는 맞춤 시스템이 되고 매뉴얼이 되는 것이다.

우선, 오픈 / 마감 체크리스트를 만들고, 기기점검 / 청소리스트를 만들고, 베이커리 조리법리스트, 냉장 쇼케이스 베이커리 유통기한리스트, 매출일보리스트, 직원 월 스케줄표 양식, 근로계약서와 개인정보보호 동의서, 복장규정, 근무태도 및 고객응대(표정, 맞이인사, 주문응대, 음료 드릴 때, 배웅인사, 전화응대, 컴플레인 제기 시), 재료주문 시 재고파악 및 발주서 양식, 레시피 리스트, 여비운영 리스트, 커뮤니티룸 이용수칙, 인터넷 사용방법, 재료 주문방법, 기기 및 거래처 업체명과 담당자, 연락처 등 문제가 생겼을 때 바로 해결할 수 있도록 리스트를 만들었다.

직원을 채용하면 교육을 한 뒤 매장에 비치된 매뉴얼을 숙지하고 행동하도록 하고, 수시로 모니터링을 진행한다. 또한, 구두로 서류상으로 이해가 잘 안 되고 소통이 어려운 사항이 생길 수 있어 별도 동영상도 제작했다. 오픈준비 동영상, 마감방법 동영상, 머신청소 동영상을 제작하여 문자로 보내주니 직원들이 이해가 되지 않을 때 수시로 확인하고 빠뜨리는 사항 없이 원활하게 시스템이 운영되는 장점이 있다.

말로만 이야기하고 지시하는 데에는 한계가 있다. 그리고 직원 입장에서도 정확하게 알고 이해하고 일하기 위해서 배우려면 자료만큼 좋은 것도 없다. 처음에는 번거로울 수 있지만, 일단 내 가게에 맞게 만들어놓으면 사장이 없어도 직원들도 체계적으로 일할 수 있고, 고객들도 불편함 없이 계속해서 이용할 수 있고 안심하고 이용할 수 있는 매장이 된다.

이렇게 만든 우리 매장만의 시스템이 완성본은 아니다. 현재 진행형이다. 더 좋은 시스템이 있다면 개선도 필요하기 때문이다. 그래서 주문서는 신메뉴가 생길 때마다 최신으로 업데이트를 하고, 매출일보도 불필요한 내용들을 빼고 다시 만드는 등 항상 어떻게 하면 우리 매장의 최적의 시스템을 만들 수 있을까 생각하고 실행으로 옮기는 편이다.

불필요하고 효율이 떨어지는 시스템은 약이 아닌 독이 될 수 있다. 프로세스를 최대한으로 심플하게 하면서도 효율이 높아지는 방법, 매장 상황과 변화에 따른 맞춤 시스템이 최적의 시스템인 것이다.

오픈 체크리스트

오픈 체크리스트

날 짜 :   월   일
오픈자 :

구분	체크항목	체크(O표시)
1	간판, 매장 조명 ON	
2	쇼케이스 조명 ON	
3	컴퓨터 전원 ON	
4	앰프 전원 ON	
5	적립창 실행	
6	포스 실행 및 시재금(15만 원) 확인	
7	커피 머신 상태 확인(온도체크, 기능, 버튼, 원두체크)	
8	우유입고 확인 및 상태점검, 냉장보관	
9	우유진열상태 확인(제일 오래된 우유를 앞으로)	
10	바닥 먼지청소	
11	바닥 물걸레청소	
12	테이블, 의자 진열상태 정돈 및 테이블 행주로 닦기	
13	유리청소(현관문 유리, 쇼케이스 유리 원덱스로 닦기)	
14	모든 식기 확인	
15	냉장, 냉동, 실온보관 부재료 확인	
16	베이커리 유통기한 확인	
17	머신 에스프레소 TEST SHOT내리기, 그라인더 조절	
18	당일 사용 일회용 용기 확인 및 채워놓기	
19	셀프바 확인 및 정리(물, 컵, 스틱설탕, 냅킨, 스트로, 시럽 등)	

메모

마감 체크리스트

마감 체크리스트

날 짜 :　　　　월　　　일
오픈자 :

구분	체크항목	체크(O표시)
1	각종 물품 세척 및 소독	
2	청결하게 청소	
3	베이커리 확인 및 쇼케이스 진열	
4	홀 정리정돈	
5	머신 마감 청소(포타필터 매일 분리해서 물청소, 3일에 한 번 샤워 스크린)	
6	물품 재고확인 후 필요량 발주 주문(쇼핑몰 로그인)	
7	POS 정산 및 마감(장부기록, 마감영수증 출력 보관)	
8	시재금 15만 원 남기고 현금매출 봉투에 넣기	
9	POS 종료	
10	적립창 종료	
11	컴퓨터 전원 OFF	
12	앰프 전원 OFF	
13	쇼케이스 조명 OFF	
14	우편물 및 서류 정리	
15	냉난방 OFF	
16	간판, 매장 전원 OFF	
17	문 잠금 확인	

메모

일일 매출일보 양식

일별 정산일지 (월   일)

• 시 재 금 :   원
• 정산내역 :

정산자	확인자

구분	개수	금액
10만 원권		
5만 원권		
1만 원권		
5천 원권		
1천 원권		
500원		
100원		
50원		
10원		
총 현금액	₩	

금일 현금매출액	₩
금일 카드매출액	₩
금일 서비스매출액	₩
금일 총 매출액	₩

• 입금내역(수금내역)

입금(수금)날짜	년 월 일
입금자(수금 전달자)	
입금액(수금액)	₩

• 메모

03

작은 디테일도
놓치지 않는다

"사장님, 아침에 출근해보니 테라스에 등이 깨져 있어요!"

아침 일찍 오픈을 하고 테라스 등, 간판에 불을 켜는데 테라스에 있는 전등이 깨져 있다는 것이다. 열 개 중에 1개가 완전히 깨져 있는 상태였다. 사실 아침부터 테라스에 등을 켜는 커피집도 우리 가게 말고는 거의 없는 편이다.

게다가 맨 끝에 있는 등이 깨진 터라 크게 문제가 될 것도 없어 보였다. 하지만 오픈한 지 2주밖에 되지 않았는데 이런 일이 생겼다는 부분도 그렇고, 새로운 마음으로 새롭게 인테리어를 해서 깨끗한 매장에 흠집이 생긴 것이 여간 걸리는 게 아니었다.

작은 부분을 방치하면 큰 문제로 이어질 수 있다. 바로 대비를 하기로 마음먹었다. 일단, CCTV를 확인하여 몇 시에 누가 이런 행동을 했는지를 확인했다. 그리고 그 사진을 인화해서 경찰서에 신고했다. 경찰서 차량이 매장 앞에 도착해서 경찰관 2명이 사진촬영을 하고 장부에 사건을 기록하며 사진이 선명하지 않고 얼굴이 제대로 확인이 안 되어 범인을 찾기는 어려울 수 있다고 했다. 하지만 앞으로 이 지역과 매장 앞 순찰을 해서 이런 일이 발생하지 않도록 예의주시하겠다고 했다.

경찰차와 경찰관이 오는 바람에 주변 매장에서도 무슨 일이냐고 묻고 그런 일이 있었냐며 관심을 가져주고 걱정을 해주는 등 위로를 해주셨다. 이 사항을 본사에도 연락해서 보고했다. 본사 슈퍼바이저가 방문해서 무료로 테라스 등도 새것으로 교체해주었다.

그렇게 한 차례 풍파가 지나가고 모든 것이 원래대로 회복되자 마음도 상쾌해지고 든든해진 기분이었다. 매장은 내 분신과도 같은데 내가 맞은 것처럼 다쳤던 몸과 마음이 깨끗이 나아서 기운이 생겼다. 그 뒤로 매장에 무슨 일이 생기면 작은 디테일도 놓치지 않으려고 노력한다. 불편함을 느끼거나 문제가 생기면 바로 개선을 하는 것이 중요하다.

첫 번째 매장은 화장실이 밖으로 나가서 2층 계단 쪽에 있는데 같은 건물에 입주해 있는 여러 상가가 공용으로 사용하고 있다. 그런데 이용할 때마다 열쇠로 문을 여닫는데 여간 불편한 게 아니었

1호점 _ 오픈 후 2주 뒤, 아침에 등이 깨져 있는 모습

2호점 _ 들어갈 때 손잡이 옆의 '미세요' 문구

2호점_ 나갈 때 '당기세요' 문구로 되어 있던 것을
'미세요' 문구로 교체한 모습

다. 이용하는 고객들도 불편해하는 것이 느껴졌다.

다른 상가들은 그전부터 익숙해 있던 터라 불편해도 그대로 사용하는 눈치였지만, 문을 열 때, 닫을 때 사용법을 이해하기 쉽게 작성해서 그림과 컬러를 넣고 예쁘게 디자인해서 문에 잘 보이게 붙여두었다. 그 뒤로 나도 직원도 고객도, 그리고 이용하는 다른 상가들도 편하게 이용하게 되었고 우리 가게 덕분에 이런 것도 붙여놓으니 좋다고 말씀하셨다. 조금만 관심을 가지면 작은 것도 놓치지 않고 편하게 이용할 수 있는 것이다.

두 번째 매장을 오픈하고 안정을 찾아갈 때 있었던 일이다.

고객이 음료를 구입해서 들고 나가는데 문을 힘겹게 당기려고 하는 모습이 보였다. 그때 직원이 이렇게 말했다.

"밀어도 돼요!"

직원은 바쁜 와중에도 그 말을 되풀이했고, 고객은 문을 당기려다 밀고 나가는 모습이 여러 번 목격되었다. 문은 들어올 때 나갈 때 모두 밀어서 열 수 있는데, 문에 부착된 스티커가 문제였다. 나갈 때 붙어 있는 스티커가 '당기세요'라고 되어 있어서 그렇게 행동한 것이고, 직원은 밀어도 된다는 것을 알기 때문에 고객편의를 위해 매번 말을 해주는 것이다.

기존에 있던 치킨집의 문을 그대로 사용하면서 그 작은 스티커 문구를 미처 확인하지 못해 이런 일이 발생했다. 바로 개선이 필요했다. 문에 붙어 있는 스티커를 떼어서 똑같은 디자인으로 '미세요' 스티커를 구하기 위해 돌아다녔고 구입한 스티커를 문에 부착했다. 뒷문의 스티커도 함께 교체했다. 조금만 관심을 가지면 모두가 편리하게 안심하고 이용할 수 있는 시스템으로 정착될 수 있다. **시스템은 거창한 것이 아니다. 작은 것, 작은 관심에서 시작됨을 잊지 말자.**

04

이중삼중 투명한 시스템,
모바일을 활용하라

재료관리, 매장청결, 서비스, 고객응대, 직원관리, 매출관리를 위해서는 지속적인 관심과 피드백이 중요하다. 필자처럼 매일 매장에 갈 수 없는 경우에는 방법을 강구해야 한다. 그대로 방치해선 절대로 안 된다. 먼저, CCTV를 모바일로 설치했다.

모바일 CCTV로 꼭 챙기고 확인하는 첫 번째는 오픈시간과 직원들의 근태다. 출근시간 8시, 오후 1시는 꼭 확인한다. 매장 오픈시간은 고객과의 약속이고 매장운영에서 신뢰와 연결되는 만큼 꼭 지켜야 하는 부분이기 때문이다. 오픈 후 2주 정도 흘렀을 때, 당연히 오픈이 잘되었겠지 하고 방심하다가 뒤늦게 혹시나 하는 마음에 CCTV를 확인해 본 적이 있는데, 매장에 불이 꺼져 있는 게 아닌가. 그 일이 있은 뒤로 하루도 거르지 않고 매장 오픈, 직원 출근은 무슨 일이 있어도 꼭 챙기고 있다.

두 번째는 피크타임이나 붐비는 상황이 발생했을 때 혹시 문제가 있지는 않은지 예의주시하는 데 활용한다. 오후 타임에 직원이 혼자 근무할 때, 성희롱을 하는 고객이 있었다. 밖에 비도 오고 있었고 골목으로 들어온 매장이라 아무도 없는 매장에 그런 고객이 들어온 터라 직원도 많이 놀랐다. 이런 일이 발생했을 때에는 바로 모바일 메신저나 전화로 보고가 이뤄지도록 하고, 실시간 모바일 CCTV를 확인해서 고객 인상착의를 확보하고 급박한 경우에는 경찰서에 신고를 하고 있다.

세 번째는 검증과 확인 차원에서 모바일 CCTV를 활용한다. 본사에서는 재료를 주었다고 하는데 직원이 못 받았다고 하는 경우, 우유를 배달했는데 직원이 우유가 안 왔다고 하는 경우, 택배로 물건을 전달했다고 하는데 직원이 매장에 배달된 것이 없다고 하는 경우, 고객이 물건을 두고 갔는데 습득한 물건이 있는지 확인을 요청하는 경우, 매출이 없는데 매장이 바쁜 경우 등 많은 상황에서 객관적으로 확인하고 신뢰할 수 있는 것이 CCTV다.

매장에서 발생하는 모든 매출은 POS(Point of Sales : 판매시점 정보관리시스템)로 결제하고 집계가 되는데 당일 매출, 시간대별 매출, 상품별 매출, 일자별 매출, 요일별 매출, 월별 매출을 다각도로 확인할 수 있다. 하지만 처음에는 매장에 직접 가서 POS로 확인해야 하기 때문에 직원들에게 하루 세 번(오후 1시, 5시, 10시) 문자로 현재 매출을 전송하도록 지시했다.

그렇게 2개월 정도 흐르고 나서야 POS시스템도 모바일로 실시간 확인이 가능하다는 사실을 알게 되었다. POS 업체에 전화를 걸어서 바로 모바일로 POS시스템을 설치했고 오픈 때부터 현재까지 내가 확인하고 싶은 일자를 검색하여 실시간으로 상품별, 시간대별 매출을 확인하고 있다.

가장 좋은 점은 아무래도 매출에 관심을 가지게 되고 매장을 이용하는 고객들의 소비패턴과 선호음료, 베이커리 등을 알 수 있다는 것이다. 그리고 직원들이 정확한 품번으로 정확하게 계산하는지도 실시간으로 확인할 수 있다. POS에 필요 없는 품번과 필요한 품번도 확인이 가능하기 때문에 직원들의 불편을 해소해 줄 수 있고, 반품내역도 확인이 가능하기 때문에 불필요한 반품이 많아졌을 경우, 대응하고 개선방안을 마련할 수 있다.

스마트 시대에 살고 있기 때문에 이제는 매장관리도 스마트하게 모바일로 할 수 있다. 바쁘기 때문에 멀기 때문에 사정이 있기 때문에 매장관리를 직원에게만 맡겨두기보다는 모바일을 이용해 관심을 보이고 피드백을 하며 끊임없이 노력을 기울여야 모두가 만족하는 롱런하는 매장이 될 수 있다.

악마같이 검지만

천사같이 순수하고

지옥같이 뜨겁지만

키스처럼 달콤하다.

― 탈레랑

"
최소비용으로

최대 효과를 누릴 수 있고

관리가 편하고 지속적으로 할 수 있는

마케팅을 찾아야 한다.

가게를
오픈하는 것도 중요하지만
알리는 것이 더 중요하다.

항상 고민하고 노력한다면

분명히 길이 있다.

"

Part **04**

마케팅,
최소비용과 최고효과의
마케팅을 찾아라

01

눈에 띄는 배너와 현수막으로
시선을 끌어라

저렴한 가격, 좋은 품질, 친절한 서비스 삼박자가 갖춰진 매장이라도 고객의 시선을 끌지 못하면 매장이 자리 잡는 데 많은 시간이 걸리게 된다. 그렇다고 광고를 하거나, 오픈 행사를 위한 이벤트를 의뢰하게 되면 초기 비용이 올라갈 수밖에 없고, 우리에게 가장 중요한 건 최소비용으로 최고의 효과를 가져오는 것이다. 오픈 시 인테리어를 프리미엄급으로 선택하고 오픈행사에 과도한 지출을 하게 되면, 매출에 더 민감해질 수밖에 없고 초조함으로 불안해하는 요소가 될 수 있다.

사실 첫 번째 매장은 사거리 횡단보도 앞 골목으로 약간 진입한 입지로 바로 눈에 띄는 곳이 아니다. 그래서 휴대폰 대리점처럼 입간판을 제작해서 사거리에 세워둘까, 건물 옥상에 간판을 하나 더 제작할까 고민이 많았다. 그런데 그렇게 하면 비용도 많이 들지만, 주변 상점이나 경쟁 점포에서 구청에 신고하거나 민원 대상이 될 수도 있겠다는 생각이 들어 조금 더 신중하게 결정하기로 하였다.

그래서 시작한 것이 배너였는데 사거리 횡단보도 쪽에 지나가는 행인들의 시선을 끄는 배너를 제작해서 세워두었다. 그리고 매장에 들어와서 메뉴를 고를 때 메뉴판을 보는데 망설이는 고객이 많았다. 이번에는 세워두는 배너가 아닌 카운터 옆, 비어 있는 흰 벽에 메뉴그림이 나와 있는 배너를 부착하기로 했다.

결과는 대만족이었다. 고객들은 메뉴를 고를 때 그림을 보고, 손으로 가리키며 주문을 한다. 외국인 고객도 가끔 오는데 의사소통을 하는 데 아무 지장이 없다. 어린아이들도 그림을 가리키며 부모님께 사달라고 조르기도 해서 그림 배너의 효과는 기대 이상이었다. 물론 요즘은 터치패드 형태, 모니터 형태의 메뉴판을 활용하는 곳도 있지만 아무래도 비용이 만만치 않기 때문에 효율이 높은 방법을 채택한 것이다.

두 번째 매장을 오픈할 때에도 그러한 점을 고려하여 미리 앞문 쪽에 세워둘 배너, 뒷문 쪽에 세워둘 배너를 제작하고, 메뉴그림이 들어가 있는 배너도 앞문 카운터 쪽과 뒷문 입구 쪽에 제작하여 부착했다. 메뉴그림은 동일하지만, 세워놓는 배너에는 매장 연락처를 넣는 것이 기본인데, 주변 상권을 조사하니 오전 8시에 오픈하는 커피집은 단 한 곳도 없었다. 그래서 오픈시간을 강조해서 도로변과 뒷문 쪽에 세워 두었는데 그 효과가 정말 컸다.

"여긴 일찍 열어서 너무 좋아요!"
"8시에 여는 곳이 없어서 불편했는데 자주 올게요!"
"지나가다가 배너 보고 들어왔어요!"

오픈시간을 강조한 배너로 시선을 끌어서 초반에 자리 잡는 데 도움이 많이 되었다. 두 번째 매장은 뒷문이 있어서 뒤쪽 주민센터, 은행, 병원을 이용하는 고객들의 유입에도 도움이 되는데 아쉬운 점이 발견되었다. 건물 뒤편에서 보면 우리 가게의 간판이 안 보이기 때문에 모르고 지나칠 수 있다는 점이다. 어떻게 하면 우리 매장을 알리고 관심을 유도할 수 있을까 고민하면서 건물을 한 바퀴 도는데, 건물 뒤쪽 빈 벽이 눈에 띄었다.

바로 저곳에 현수막을 붙여야겠다는 생각이 들었고, 바로 현수막을 제작했다. 그리고 인테리어가 다 끝나고 간판을 걸 때 사다리차가 오면 현수막 부착을 의뢰하기로 마음먹었다.
본사 간판팀은 처음에는 이런저런 이유로 문제가 될 수 있다고 이야기했지만, 결국 내가 원하는 대로 건물 뒤쪽 벽면에 현수막을 튼튼하게 고정해주었다. 그 덕분에 도로변에 현수막을 걸어서 구청에서 제거하는 등의 걱정 없이 당당하게 우리 매장을 뒤쪽 유동인구에게도 알릴 수 있었다.

이처럼 최소비용으로 최고효과를 누리는 마케팅은 비단 이뿐만이 아닐 것이다. 요즘은 블로그와 페이스북, 지식인을 통한 다양한 바이럴 마케팅(Viral Marketing)으로 가게를 홍보할 수 있는 시대다. 하지만 지속적인 노력과 관리가 어려워 하다가 중도에 포기하는 사례도 많이 보았다. 매월 일정 비용을 지불하고 바이럴 마케팅을 대행해주는 곳에 의뢰할 수도 있겠지만 비용이 만만치 않다.

최소의 비용으로 최대 효과를 누릴 수 있고 관리가 편하고 지속해서 할 수 있는 마케팅을 찾아야 한다. 가게를 오픈하는 것도 중요하지만 알리는 것이 더 중요하다. 하지만 초기에 큰 비용을 투자하기보다 최소의 비용으로 할 수 있는 방법을 항상 고민하고 노력한다면 분명히 길이 있다. 포기하지 말고 계속 도전하라.

02

잘 팔리는 메뉴,
신메뉴 POP 200% 활용하기

POP(Perchase of Point)는 구매시점이라는 뜻이다. 포스터의 형식으로 백화점에서는 세일품목이나 퍼센트(%)를 알려주기도 하고, 행사상품, 인기상품을 POP로 게시하여 고객의 시선을 끌고 구매를 유도하는 역할을 한다. 사이즈는 A2, A3, A4가 보통인데 우리 매장에서 가장 많이 쓰이는 건 A4 사이즈다.

보통 POP는 본사에서 오픈 초창기에 무료로 배포해주기도 하고, 쇼핑몰에서 필요한 것을 구입하도록 안내하기도 한다. 사이즈가 클수록 가격이 올라가고 매수가 많아지면 그 비용의 부담도 만만치가 않다.

그래서 필자는 본사에 POP 이미지 파일을 본사 커뮤니티에 올려달라고 요청했다. 이미지 파일을 프린터로 직접 출력하면 본사에 구입하는 비용을 아낄 수 있고 받는 데까지 걸리는 시간도 절감할 수 있다. 필요할 때 적재적소에 POP를 게시할 수 있는 것이다. 본사에서 출시되는 신메뉴와 리뉴얼된 POP는 바로 업데이트하여 게시한다. 게시할 때는 고객의 시선이 머무르는 곳에 비치하는 것이 효과도 좋다.

빈 벽에 게시할 때는 코팅하거나 그대로 부착하기보다는 아크릴로 된 프레임을 구입해서 질서 있게 부착하면 더욱 깔끔하고 정돈된 느낌을 줄 수 있다. 같은 브랜드의 가까운 가맹점이나 다른 브랜드의 여러 매장을 직접 방문해서 참고하는 것도 도움이 많이 된다. 우리 매장 현실에 맞게 접목할 수 있는 아이디어도 얻을 수 있기 때문이다.

특히 신메뉴를 알릴 때 효과가 좋다. 여름 시즌에 가장 인기 있는 메뉴는 단연 빙수다. 그런데 본사 메뉴에는 컵빙수가 전부였기 때문에 빙수메뉴를 개발하고 레시피를 직접 만들어 테스트를 한 뒤 사진을 촬영해서 월등한 실력은 아니지만 포토샵과 일러스트를 이용해서 직접 POP를 제작했다.

2가지 빙수메뉴에 대한 POP를 시각적으로도 예쁘게 그리고 맛있어 보이게 디자인했다. 처음에 제작한 것도 괜찮다고 했지만, 다른 경쟁점에 있는 그리고 본사에서 원래 제작했던 POP와 차이가 많이 나면 안 될 것 같아 최대한 정성껏 작업했다.

6월부터 POP를 게시했는데 시각적으로 눈길이 가다 보니, 빙수를 찾는 고객도 많아지고 매출도 늘어나면서 인기품목으로 자리매김할 수 있었다. 이처럼 신메뉴, 인기메뉴 등을 알리기에도 좋고 시즌별로 POP 디자인에 변화를 주어 분위기를 전환할 수도 있다. 고객이 미처 인지하지 못한 정보를 제공하는 데에도 훨씬 빠르게 전달하고 의사결정을 하는 데도 도움을 준다.

　　마케팅은 적재적소에 안성맞춤으로 우리 매장에 맞게 변화해야 한다. POP도 용도에 맞게 사이즈를 설정하고 위치를 선정하는 등 끊임없는 관심과 노력이 필요하다. 메뉴판 옆쪽 빈 벽, 현관문 옆 쇼윈도, 카운터 위, 셀프바 위쪽, 고객이 앉아 있을 때 시선이 가는 벽면 등 전체적인 인테리어를 고려하여 조화를 이루면서도 깔끔한 인상을 주고 호기심을 자극할 수 있는 POP를 다방면으로 활용하길 바란다.

03

베이커리 모형은
샘플 그 이상의 것

카페를 창업하기 전에도 미팅이 있거나 식사를 하기 애매한 경우에는 꼭 커피숍에 들러 허니브레드와 커피 또는 샌드위치와 커피를 주문해서 먹곤 했다. 필자는 커피를 마실 때 항상 베이커리를 곁들여 먹는 편이다.

스타벅스의 경우에는 신선한 샌드위치와 브레드가 쇼케이스에 진열되어 식욕을 당기는데 쇼케이스장에 손을 뻗으면 고객이 직접 베이커리를 꺼내고 주문할 수 있는 곳이 많다. 반면, 다른 커피전문점의 경우에는 쇼케이스에 진열되어 있는 베이커리를 직접 꺼낼 수 있는 건 직원뿐이다.

오픈 전 내가 경험하고 체험한 본사 직영점은 실제 베이커리를 쇼케이스에 진열해놓고 있었다. 그래서 벤치마킹하여 그대로 우리 매장의 쇼케이스도 최대한 비슷하게 진열하였는데 우리 지역 담당 슈퍼바이저가 베이커리 모형을 하면 좋지 않겠냐고 제안을 했다.

베이커리 모형을 하면 고객이 완성된 베이커리의 먹음직스러운 모습에 반해 식욕을 느끼게 되고 커피만 주문하려다가 베이커리도 주문하는 효과로 그것은 곧 매출상승에도 도움이 된다.

베이커리 모형을 하기 위해 알아보기 시작했다. 하지만 생각보다 매우 부담스러운 금액이었다. 저렴하게 할 수 있다면 얼마나 좋을까. 그렇게 점점 시간은 흐르고 봄을 지나 여름이 왔다. 두 번째 매장은 8월 중순에 오픈을 했는데 이참에 한꺼번에 미리 가을 겨울 베이커리 판매량을 높여보자는 생각에 수소문한 끝에 베이커리 모형을 저렴하게 제작하는 업체를 만날 수 있었다.

직접 전화를 걸어서 주문하고 업체에도 주문량이 밀려 있었지만 1주일 내로 꼭 받아야 한다고 사정하여 직접 업체에 가서 받아오기까지 했다. 그렇게 받아온 베이커리 모형을 기존과는 다르게 제대로 진열하기 위해 칙칙한 쟁반들도 다 꺼내고 흰색 사각접시로 통일했고, 그동안 신선품을 진열해서 유통기한 등으로 폐기되었던 품목들 대신 모형이 그 자리를 채우게 되었다.

스틱치즈케이크, 마카롱처럼 인기품목을 가장 눈에 띄는 첫째 칸에 진열하고, 다른 베이커리들도 완성품의 모습대로 모형으로 진열하니 그 느낌은 완전히 달랐다. 새집에 새 인테리어를 갖추고 구색

벨기에초코소스와플 베이커리 모형

허니버터볼 베이커리 모형

허니브레드 베이커리 모형

도 더욱 풍성하고 깔끔하게 정돈되어 신선한 느낌마저 들었다.

그 뒤 베이커리의 판매량은 두말할 필요도 없다. 베이커리의 판매량이 2배 이상 늘었고, 잘 안 팔리던 품목도 날개 돋친 듯 판매되었다. 상품 홍보가 제대로 된 덕분에 한 고객이 들어오면 커피만 주문했던 기존과 달리 베이커리도 함께 판매되어 객단가가 상승하고 매출도 더욱 오를 수 있었다.

보통 커피전문점은 여름이 성수기이고 가을부터는 서서히 매출이 감소하기 시작해 겨울에는 비수기로 여겨진다. 이럴 때 한 명의 고객이라도 우리 매장에 자주 방문하고 한 번 방문했을 때 판매량이 늘어나면 비수기에도 걱정을 줄일 수 있다.

프랜차이즈 본사에서 직접 베이커리 모형을 주도해서 준비해줄 수도 있고 그렇지 않을 수도 있다. 이렇든 저렇든 간에 가장 중요한 건 매장의 주인은 나 자신이라는 것이다. 먼저 알려주고 도움을 받으면 좋겠지만 본사에서 안 해준다고 탓하기 이전에 내가 할 수 있는 부분이 있다면 직접 발 벗고 나서야 한다.

지금도 다녀보면 쇼케이스에 베이커리 모형이 없는 곳도 많다. 내 매장이 차별화될 수 있는 요소를 찾고 어떻게 하면 객단가를 올리고 잘 팔리지 않는 품목을 팔리게 할 수 있을까 고민해야 한다. 진열위치도 바꿔보고 계속하여 고민하면 답은 나온다. 그리고 그 답을 찾았다면 지금 당장 실행하자.

04

일석이조의 효과!
전화예약과 단체고객을 위한
작은 메뉴판 만들기

모임이나 뒤풀이로 커피숍을 찾는 고객들이 늘고 있다. 단체고객의 경우, 예산에 따라 한 메뉴로 통일하는 경우도 있고 각자 마시고 싶은 음료를 주문하는 경우도 많다. 일단, 편하게 자리에 앉았는데 주문을 하려면 카운터까지 가야 한다. 모든 커피전문점은 선주문 선결제 후 음료가 나오면 직접 가져오는 시스템이 대부분이다. 그렇기 때문에 메뉴를 확인하러 한 번, 주문을 하러 한 번, 음료를 가지러 또 한 번 카운터로 가야 한다.

이러한 프로세스를 한 번이라도 줄이면서 편리하게 주문을 받기 위해서는 우리 메뉴를 한눈에 볼 수 있도록 만들어야 한다. 그래서 작은 메뉴판을 제작하기로 했는데, 이왕이면 홍보에도 도움이 되도록 단면 자석전단을 제작하기로 마음먹었다.

이유는 단면이라서 뒷면에 주문할 메뉴를 적을 수 있다는 장점이 있고, 자석전단이므로 매장홍보용 전단으로도 활용할 수 있는 일석이조의 효과가 생기기 때문이다. 종이전단의 경우, 쉽게 찢어져 버리게 되는 반면, 자석전단은 배포했을 경우에도 버리지 않고 냉장고에 붙이는 등 활용도가 높기 때문에 비용대비 효과가 좋은 편이다.

한눈에 들어오도록 메뉴와 가격을 넣은 자석전단은 매장명함과 함께 카운터 옆에 비치해 두었다. 고객은 명함보다 자석전단에 더욱 관심을 갖고 가져가는 경우도 많다.

매장에는 전화벨이 울리고, 음료 주문이 단체로 들어오기 시작했다. 전화를 걸어 예약하기 때문에 고객은 매장에서 기다리지 않아서 좋고, 직접 배달하는 것도 아니고 시간약속을 해서 해당 시간까지 준비하면 되니 갑자기 몰리는 단체주문보다 여유롭고 편리하다.

단체로 매장에 들어와서 주문하는 경우에도 카운터 앞에 서서 주문하지 않아도 되고, 자리에서 작은 메뉴판을 보고 인원수에 맞게 주문할 음료를 뒷면에 기록할 수 있어 간편하다.

기본수량만 제작했을 뿐인데도 수량이 많이 남는다. 여분은 두 번째 매장에도 사용하기로 했다. 또다시 제작하면 비용이 발생하기 때문에 라벨지스티커로 매장명과 전화번호만 교체해서 부착했다. 그렇게 두 번째 매장에 비치할 자석전단 역시 카운터 옆에 비치하고 전화주문과 단체주문 시 활용하고 있다.

틈틈이 주변 버스정류장, 주민센터, 영화관 등 사람이 많이 다니는 곳이나 기관 등에 자석전단을 배포하면 우리 매장을 알릴 수 있어 마케팅에도 활용할 수 있다.

사실,

거의 모든

커다란 위기 때

우리의 심장이

근본적으로

필요로 하는 것은

따뜻한 커피

한 잔인 것 같다.

– 알렉산더대왕

"
가만히 고객이 오기를 기다리기보다는

오고 싶은 분위기를 연출한다면

비용과 고생 대비 훨씬 가치 있는 일이다.

다가오기를 기다리지 말고
먼저 손을 뻗으면

길이 생기고

좋은 기회가 만들어질 것이다.

"

Part **05**

고객,
기다리지 말고
찾아오게 하라

주변 매장과 친해지고
협업하라

오픈할 때 우리 매장을 알리는 가장 좋은 방법은 떡을 돌리는 것이다. 그런데 요즘은 오픈했다고 떡을 돌리는 일이 많지 않다. 본사에서도 매장 오픈했다고 떡을 돌리는 것을 권유하지 않는다고 했다. 사실 떡을 돌리는 개념이 오픈을 알리는 부분도 있지만, 이웃 간에 서로 안면을 익히고 인사를 나누는 데에도 의미가 있는데 저렴한 가격 덕분인지 주변 매장에서 먼저 우리 매장을 찾았다.

반갑게 인사를 나누다 보니, 좋은 이웃이 있어 그렇게 든든하고 마음이 편안할 수가 없다. 장사가 처음인데 아무래도 대선배이신 분들께 배울 점도 많으리라. 오픈하고 첫 주말이 다가왔는데 직원이 전화를 했다.

"사장님, 천 원 지폐가 몇 장 없어요….".

아뿔싸. 주말에는 은행이 문을 닫기 때문에 금요일에 미리 환전을 해두어야 하는데 놓친 것이다. 급한 대로 24시간 분식집에 가서 환전을 부탁드렸는데 흔쾌히 천 원 지폐로 교환해주셨다. 직원 혼자 저녁근무를 할 때라 매장을 오래 비우기도 어려운데 가까운 매장에서 이렇게 도움이 주시니 참으로 감사했다. 그 뒤로 식사를 해야 할 경우엔 24시간 분식집을 자주 이용하게 되었다. 상부상조하는 것이다.

한번은 고객이 화장실 열쇠를 분실하여 애를 먹은 적이 있는데 같은 건물 1층에 있는 화장품 매장에 여분의 열쇠가 있어 도움을 받을 수 있었다. 장사는 우리 매장 혼자 하는 것으로 생각했는데 생각보다 주변의 도움을 받을 때가 많다.

이 외에도 여름에 팥빙수를 출시한 지 얼마 안 되었을 때 구입해온 통조림 오프너가 작동이 잘되지 않아 주문은 밀려드는데 식은땀이 흘렀다. 일단 급한 대로 팥 통조림을 들고 24시간 분식집으로 뛰어갔다. 사장님께서 상황을 알고 단 10초 만에 통조림을 따주셨다. 그때의 놀라움과 고마움은 이루 말할 수 없었다.

장사를 하다 보면 예기치 못한 상황이 정말 많다. 그럴 때 직원이 혼자 있는 상황이라면 얼마나 당황스럽겠는가. 주변 매장과 친해지면 서로 의지하고 협업할 수 있다.

두 번째 매장은 8층으로 이루어진 빌딩이기 때문에 많은 업체가 입점해 있다. 은행, 세무서, 헬스클럽, 복싱센터, 학원, 독서실, 교회, 자전거, 편의점, 휴대폰 매장, 카드사 등 업종도 다양하다. 3호점 오픈 전까지 남편이 직원 1명과 평일근무를 도맡아했다. 남편은 유통업계 식품 MD 및 식품매장 팀장까지 역임하면서 12년을 종사했기 때문에 노하우가 많은 편이다.

까칠해 보이는 외적인 이미지와는 다르게 안에는 따뜻한 정과 세심한 배려가 있는 일명 츤데레(신조어 : 겉으로 퉁명스럽지만 속은 따뜻하다는 뜻) 성격을 가지고 있다. 그래서 처음 보는 사람들이나 주변 이웃들이 오해할 수도 있지만 몇 개월만 지내보면 정말 따뜻한 사람이구나 하는 것을 알게 된다.

같은 건물 헬스클럽의 전단지를 달라고 해서 우리 매장에 비치해주기도 하고 복싱센터에 등록해서 관장님과 회원들과 좋은 관계를 구축하며 윈윈(Win-Win)한다. 또한 근처 영화관에 전화를 걸어 함께 프로모션을 제안하기도 한다.

첫 번째 매장 인근에는 영화관이 있는데 나중에 안 사실이지만, 영화관 엘리베이터를 이용할 때 우리 매장이 특히 잘 보인다. 그 점을 이용해 엘리베이터 안에도 자석전단을 붙이기도 했는데, 이제는 우리 매장이 잘되는 것을 알고 먼저 영화티켓 할인권과 거치대, 50% 콤보할인권을 가져와서 비치해달라고 요청한다. 가끔 무료관람권을 서비스로 주면서 말이다.

얼마나 좋은가! 무료 영화관람권도 받고, 우리 매장을 이용하는 고객이 영화를 볼 때 할인받을 수 있는 쿠폰을 받고, 또한 영화를 보는 고객들도 우리 매장을 알고 이용하니 서로가 윈윈이다. 특히 12월 크리스마스 시즌에는 단골고객들이 영화할인권을 가져가기 위해 일부러 우리 매장을 한 번 더 들르기도 한다. 이처럼 주변 매장과 협업하면 좋은 점이 한두 가지가 아니다. 다가오기를 기다리지 말고 먼저 손을 뻗으면 길이 생기고 좋은 기회가 만들어질 것이다.

02

때에 따라 그에 맞는
분위기를 연출하라

'빙수야~ 팥빙수야~ 사랑해 사랑해!'

'냉면~ 냉면~ 냉면~ 그래도 널 사랑해!'

노래만 들어도 계절이 떠오르고 그 음식이 생각나듯이 사람들은 때가 되면 생각나는 것이 있고 원하는 것을 찾게 된다. 봄이 오면 벚꽃구경, 나들이, 소풍이 떠오르고 모임도 많아진다. 여름이 오면 더위, 수영, 휴가, 캠핑, 가을이 오면 낭만, 고독, 독서, 힐링, 겨울이 오면 크리스마스, 연말, 송년회, 눈, 스키 등 다양하다.

매장도 때에 따라 그 분위기를 반영하고 메뉴를 준비하면 고객의 마음을 사로잡을 수 있다.

백화점의 경우에는 시즌별로 S/S(Spring, Summer), F/W(Fall, Winter), 밸런타인데이, 크리스마스, 휴가시즌 등에 맞게 본사 VMD(Visual Merchandise)팀에서 매장 인테리어와 우드록, POP를 교체하고 고객의 시선이 머무르는 곳을 놓치지 않고 집기, 진열, 소품연출 등 다양한 방법으로 분위기를 연출한다. 매장연출이 바뀔 때마다 분위기가 전환되고 고객의 기분도 그에 따라 변화되는 느낌이다. 유명 패션브랜드에서 근무할 때, 매니저들을 교육하면서 매장 분위기와 연출이 얼마나 중요한지 느낄 수 있었고, 본사 VMD의 연출이 고객의 시선을 사로잡고 구매에 미치는 영향을 당시 매출분석에서도 알 수 있었다.

카페 또한 마찬가지다. 카페의 특성을 살리면서도 때에 따라 분위기를 연출할 수 있다. 사계절 24시간 내내 똑같은 매장이 아닌 편안하고 힐링이 되면서도 즐겁고 그래서 또 가고 싶은 매장을 만들어야 한다.

캘리포니아대학 심리학 교수 앨버트 메라비언(Albert Merhrabian)에 따르면 커뮤니케이션을 할 때 55%가 시각적인 요소, 38%가 청각적인 요소, 7%만이 메시지라고 하였다. 먼저, 시각적으로 가장 많이 눈이 가는 메뉴판과 POP 포스터에 변화를 주는 것이 좋다. 계절에 따른 신메뉴를 봄이라면 상큼한 노란색이나 핑크색, 연두색으로, 여름이라면 파란색을 넣어서 느낌 있게 표현하는 것이다.

두 번째는 매장의 모든 공간을 소품으로 변화를 주기 어려울 수 있기 때문에 한 가지를 정해서 연출하는 방법이다. 선반이면 선반, 액자면 액자,

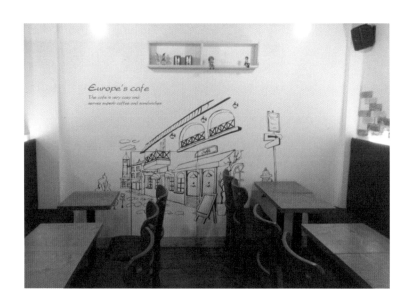

나무면 나무 이렇게 말이다. 한꺼번에 너무 많이 연출하면 촌스럽거나 조잡해 보일 수 있으므로 선택과 집중이 필요하다.

　필자는 매장의 나무를 주로 활용하는 편이다. 매장의 나무는 조화로 되어 있어 매장 한가운데에 휴식과 편안함의 상징으로 자리하고 있는데 기본적으로 나무기둥과 나뭇가지, 그리고 푸른 잎이 싱그럽게 달려 있는 형상이다. 봄은 새싹과 함께 봄꽃이 향연을 이루는 시기다. 그래서 벚꽃 느낌으로 꾸미기 위해 조화로 된 벚꽃 꽃잎을 대량으로 구입해서 나무에 연출을 했다. 마치 벚꽃 속에서 커피를 마시는 것 같은 느낌을 주기 위해서다. 처음에는 사실 굳이 이렇게까지 고생하면서 연출할 필요가 있을까? 그대로 현상유지

를 해도 어차피 고객은 올 텐데 하는 유혹도 있었지만 가만히 고객이 오기를 기다리기보다는 고객이 오고 싶은 분위기를 연출한다면 비용과 고생 대비 훨씬 가치 있는 일이라고 생각했다.

직원의 도움으로 아름다운 벚꽃 나무를 연출할 수 있었고 봄 분위기로 전환되니 나무만 보고 있어도 봄기운이 물씬 느껴졌다. 고객들의 반응도 좋았다. 사진촬영을 하거나 벚꽃을 만져보고 좋아하는 아이들과 고객들의 모습을 보니 참 뿌듯했다.

현대그룹 고 정주영 회장의 "이봐, 해보기나 했어?"라는 말이 떠오른다. 해보지도 않고 포기하지 말고 해보고 그래도 아니면 후회가 없는 것이다. 가을이 되면 단풍과 은행잎으로 또 한 번 변신을 하고, 겨울에는 크리스마스트리가 된다. 트리에 전구를 연결해서 불을 켜면 저녁에도 불빛이 아름답다. 테이크아웃용 컵 홀더도 크리스마스 분위기를 담은 그림과 컬러를 입힌 디자인으로 교체하고 올해에는 크리스마스카드를 걸어둘 생각이다.

음악으로 청각적으로 매장에 변화를 줄 수도 있다. 크리스마스 시즌에는 친근한 캐럴로 분위기를 올리고, 새해에는 희망이 느껴지는 곡으로 시작하면 좋다. 때에 따라 분위기를 연출하면 즐거움과 신선함을 줄 수 있고 그 분위기를 찾아 우리 매장에 한 번 더 방문할 것이다.

03

싸다! 맛있다!
즐겁게 적립하는 공짜 앞에
모두가 무장해제

물가는 오르는데 취업도 쉽지 않으니 입에 풀칠하기도 힘들다는 말이 그냥 나오는 게 아닌 듯하다. 이런 경제 분위기 탓일까? 최근 트렌드(Trend)는 단연 저가다.

저가항공, 저가폰, 저가식당, 편의점은 또 어떤가? 편의점 도시락의 줄임말 '편도'는 편의점의 1등 매출 공신이다. 한 끼니에 8,000원, 1만 원 하는 밥값 대신 편의점 도시락을 선호하는 사람들이 늘고 있다. 일단 가격이 저렴하면 사람들의 시선을 끌 수 있는 장점이 있다. 밥값도 내리고 커피값도 내려가고 있다. 모임을 할 때도 공부를 할 때도 식사 후 졸릴 때 생각나는 것이 커피 아닌가! 남녀노소 누구나 좋아하는 아메리카노 한 잔을 우리 카페에서는

1,500원에 판매한다.

　하지만 가격이 저렴하다고 품질까지 저렴하진 않다. 프랜차이즈 본사에서 원두를 블라인드 테스트한 결과, 고객들의 만족도가 매우 높게 나왔다고 한다. 커피맛에서 원두는 매우 중요하다. 원두의 품질에 따라 에스프레소 맛과 풍미, 신선도가 달라지기 때문이다.

　이처럼 중요한 핵심 원재료인 원두는 고객의 입맛을 사로잡아서 어떤 원두를 사용하는지 묻는 고객들도 있고 커피맛이 좋다고 칭찬해주시는 분도 많아지고 있다. 따로 판매하는 원두와 더치커피를 구입해서 집에서 핸드드립으로 즐기는 분, 주변에 선물하시는 분들까지 우리 커피 애호가들도 많은 편이다. 하지만 우리의 서비스는 여기서 끝이 아니다. 커피 또는 음료를 드실 때마다 적립을 해드리고 있다.

　"적립해드릴까요?"
　"아니 얼마나 남는다고 적립까지 해줘요?"

　고객들은 의아해하는 반응이다. 저렴하고 맛 좋은 커피를 마시는 것도 기쁜데 적립을 해주겠다니 말이다. 사실 본사의 방침이기도 하지만 점주인 나로서도 전혀 아깝지 않고 고객에게 더 많은 혜택, 서비스를 드리고 싶은 마음이다.

　많은 카페 중에 우리 카페를 방문해주시고 자주 오시는 단골이라면 보답해드리고 싶기 때문이다. 음료를 10잔 마시면 아메리카노 1잔이 무료다. 다른 음료를 마시고 싶다면 천 원을 할인받을 수도 있다. 카드결제를 해도 무조건 적립을 해드리고, 쿠폰을 쌓아두었다가 한꺼번에 사용해도 된다. 유효기간, 사용기간에 제한도 없다.

종이도 아니고 카드도 아니고 전산으로 관리되는 쿠폰이기 때문에 적립도 사용도 매우 간편하다. 잃어버릴 염려도 없고 갖고 다닐 필요도 없기 때문에 처음에는 번거롭게 생각하고 귀찮게 무슨 적립이야 하던 고객도 이젠 적립에 재미를 붙이셨다.

휴대폰 번호를 누르면 모든 매장에서 함께 적립될 수 있고, 가장 많이 적립된 매장에서 사용할 수 있기 때문에 바로 확인도 가능하다. 적립할 때 고객이 직접 번호를 누르는 재미, 그리고 포인트가 쌓이는 재미, 쓰는 재미까지 남녀노소 할 것 없이 모든 고객이 즐기고 있다.

어디 그뿐인가. 최근엔 프랜차이즈 본사에서 모바일 앱을 개발해서 출시했는데 앱을 다운로드하기만 해도 아메리카노 한 잔이 무료다. 100% 당첨 쿠폰이 발급된다. 플랫폼 안에서 게임을 하거나 이벤트에 참여하면 포인트도 쌓인다. 이렇게 쌓은 포인트로 매장에서 부담 없이 음료를 즐길 수 있다. 많은 분이 혜택을 누릴 수 있도록 안내포스터와 사용법도 공지하고 있다. 앞으로도 계속적으로 많은 혜택을 드릴 수 있는 알찬 매장이 되고 싶다.

04

다른 카페와 차별화된
무언가를 만들어라

요즘처럼 경쟁이 치열했던 때도 없는 듯하다. 한 집 걸러 커피집도 모자라 이젠 한 동네에 빙수집, 아이스크림 전문점, 베이커리 카페, 주스 전문점이 계속 생기는 중이다.

이러한 풍토 속에 고객의 입맛도 욕구도 다양해지고 선택의 폭도 넓어졌다. 대표 메뉴와 브랜드, 맛으로만 승부하기엔 경쟁력이 부족하다. 프랜차이즈카페라고 해서 모든 매장이 다 똑같은 것은 아니다. 어떤 콘셉트로 인테리어를 하고 운영하느냐에 따라 느낌이 달라진다.

오픈하기 전에 주변 카페를 둘러보면서 차별화된 경쟁력을 찾아보는 것도 도움이 된다. 1호점을 오픈한 시기에는 주변에 카페들이 많지 않았고 가격대가 높은 편이었다. 저렴하면서도 잘되는 카페가 있긴 했지만 앉을 자리가 없는 것이 단점이었다. 이러한 모든 점을 만족시킬 수 있는 공간으로 만들기 위해 아늑하면서도 앉아서 쉴 수 있는 좌석들을 많이 배치하고 다양한 종류의 책도 진열하기 시작했다.

고객들은 책을 보면서 쉬기도 하고 책에 대해 나와 이야기를 나누고, 집에 있는 책을 잔뜩 가지고 와서 기증해주신 고객도 계셨다. 카운터에는 필자가 집필한 책도 진열되어 있었는데 고객이 먼저 나에게 말을 걸어주고 악수를 청하고 책에 대해 문의를 하는 등 다른 카페에는 없는 우리 카페의 차별화 요소가 되었다.

2호점을 오픈할 때에는 커뮤니티룸을 만들기로 했다. 사실 처음에는 필자가 주관하여 특강을 열고 세미나를 하기 위한 목적이 가장 큰 부분이었는데, 지금은 오히려 주부모임, 연주 동호회, 회의 장소로 많이 활용되고 있다.

커뮤니티룸을 이용하기 위해 우리 카페를 방문하는 고객들도 많아지고 있고, 입소문이 나기 시작하면서 날짜, 시간을 정해서 예약을 하는 경우도 많다. 커뮤니티룸 안에는 단체 테이블과 의자가 있고 개별 냉난방기와 콘센트, 소음을 차단할 수 있는 문이 있기 때문에 다방면으로 만족도가 높은 공간이다. 우리 직원들과 회식을 하면서 단체로 영화를 관람하거나 직원교육을 위한 교육장으로도 활용하고 있다.

카페에서는 메뉴도 중요한 부분을 차지한다. 내가 찾는 메뉴가 그 카페에 없다면? 물론 원하는 모든 메뉴가 다 있을 수는 없지만, 고객이 찾는 메뉴 그리고 원하는 맛을 위해 고민한다. 아무리 찾는 메뉴가 있다 하더라도 기대하는 맛이 아니거나 차별화가 안 되면 다음에 또 올 리 만무하다.

몇 년 전부터 지금까지 여름에 많이 찾는 메뉴는 눈꽃빙수다. 하지만 우리는 눈꽃빙수를 꼭 해야 할지 고민을 거듭했다. 빙수기계의 비싼 가격도 가격이지만, 다른 카페와 차별화가 되지 않기 때문이다. 고민 끝에 눈꽃빙수를 포기하고 옛날빙수로 맞서기로 했다. 그러기 위해서는 눈꽃빙수가 주는 부드러운 느낌, 소복한 빙수재질을 대체할 수 있는 옛날빙수만의 강점이 있어야 했다.

일단 눈꽃빙수는 가격이 비싼 만큼 들어가는 재료가 많지 않은 것이 단점이었다. 우유얼음을 사용하고 값비싼 기계에서 갈아주는 빙수재질은 탁월했지만 풍부한 영양과 양의 부족함이 느껴졌다. 그래서 우리는 옛날빙수에 재료를 아낌없이 쏟아붓기로 했다.

처음엔 눈꽃빙수가 아니라서 망설이던 고객들도 이제는 그 맛에 빠져 큰 그릇을 다 비우고 "잘 먹었어요!" 하고 웃으면서 나가신다. 이렇게 만족한 고객들을 보며 우리의 차별점을 찾고 메뉴를 개발하길 잘했다는 생각이 든다.

와플카페도 많이 생겼는데 자체적으로 와플 메뉴를 개발했다. 인근 카페의 와플보다 크기도 훨씬 크고 맛도 좋은 벨기에 와플에 넉넉하게 생크림과 초코소스를 드리즐(Drizzle, 음식에 소스 등을 조심스럽게 부어 알맞은 농도를 유지하는 것)해서 제공하는데 가격은 저렴한 편이다.

이 외에도 '아메리카노프라페', '라떼프라페', '티라미수라떼', '홍차라떼', '미숫가루라떼', '아포카토'도 자체 개발하여 판매했다. 이제 주변에 다른 카페가 생겨나면 조바심을 내기보다 어떻게 하면 다른 차별화로 만족시킬지 고민하게 되는 것 같다. 카페가 차별화되어 있고 끊임없이 준비하고 노력하면 그 맛과 서비스에 감동한 고객은 반드시 돌아온다.

나는

커피를

마시기 전까지는

절대

웃지 않는다.

– 클라크 게이블

"

커피를 마시고 싶어서 카페에 들어갔는데

메뉴판에 있는 가격보다

할인해주는 행사를 하고 있다면?

생각했던 것보다

지출을 줄일 수 있으니

기분이 좋을 것이다.

1잔을 주문하려다

여러 잔을 주문할 수도 있다.

사람들은 매순간 가성비, 이득을 따져보며

선택하고 결정한다.

"

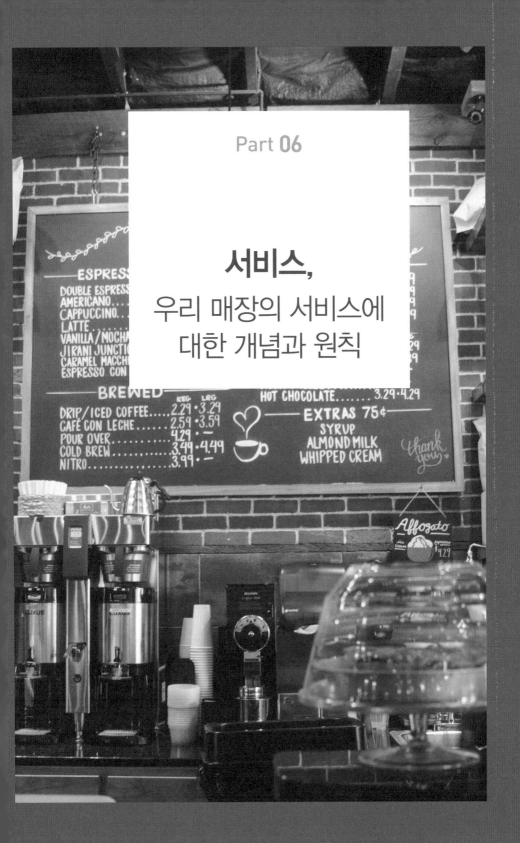

Part 06

서비스,
우리 매장의 서비스에 대한 개념과 원칙

서비스에 대한 개념 :
할인 vs 덤

집을 이사하면서 가전을 바꾸게 되었다. 이것저것 필요한 것들을 적어보니 예산이 초과될 것 같았다. 먼저 직접 구경도 할 겸 여러 대리점을 방문하고 견적서를 받아보니 방문한 곳마다 할인율이 달라서 이왕이면 할인이 많이 되는 곳에 마음이 기울게 되었다.

그렇게 할인을 받고 기분 좋게 결제를 하고 가전이 집에 배송되기 시작했다.

'어, 이건 주문 안 한 건데? 이상하다. 잘못 보내신 거 같은데….'
주문 안 한 품목이 있어 전화를 걸었다.

"사은품입니다. 그것 말고도 많이 신경 써드렸으니 기대하십시오!"

에어프라이어, 청소기, 드라이어, 그릇세트 등 정말 많은 사은품을 받아 기분이 얼마나 좋았는지 모른다. 덤으로 기대하지 않았던 선물을 받으니 말이다.

올리버(Oliver, 1980)의 기대불일치이론(expectation disconfirmation theory)에 따르면 고객의 기대와 실제 서비스 이용 경험으로 얻은 충족이 지각된 성과의 불일치 정도에 따라 만족 또는 불만족을 느낀다고 한다.

긍정적 불일치(기대 〈 지각된 성과) : 만족
부정적 불일치(기대 〉 지각된 성과) : 불만족

기대했던 것보다 할인을 많이 받아서 결제금액이 줄어들었을 때, 기대하지 않았는데 선물을 받았을 때, 기대한 것보다 가볍고 성능도 좋고 사용하기 간편하고 장점도 많을 때 만족도는 올라갈 것이다. 하지만 생각했던 것보다 맛이 별로이고 테이블이 깨끗하지 않으며, 친절하지 않고 가격도 비싸게 느껴진다면 서비스에 불만족하게 될 것이다.

할인이 필요할 때와 덤(무료 제공)이 필요할 때를 고민해보고 상황에 맞게 적용하면 서비스 만족도를 올릴 수 있다.

커피를 마시고 싶어서 카페에 들어갔는데 메뉴판에 있는 가격보다 할인해주는 행사를 하고 있다면? 생각했던 것보다 지출을 줄일 수 있으니 기분이 좋을 것이다. 1잔을 주문하려다 여러 잔을 주문할 수도 있다. 이득이라고 생각되기 때문이다. 사람들은 매순간 가성비, 이득을 따져보며 선택하고 결정한다.

카페에서 가장 많이 판매되는 음료는 단연 아메리카노다. 처음에는 아이스로 변경 시 500원 추가도 받고 본사에서 권장하는 가격이 있어서 올릴까 고민도 했지만 핫, 아이스 1,500원으로 통일하여 365일 세일판매를 진행하는데 고객들이 저렴하고 맛이 좋다고 칭찬하신다. 하루에도 몇 번씩 오는 고객의 경우 가성비가 좋은 음료가 아닐까 싶다.

그다음은 구매 단골들을 위해 구매한 수량만큼 스탬프를 찍어주는데, 10잔이 되면 아메리카노 1잔 무료 제공 쿠폰이 발급된다. 그런데 아메리카노 말고 다른 음료를 마시고 싶을 수도 있고, 쿠폰을 모았다가 한꺼번에 쓰고 싶은 경우가 은근히 많다.

그래서 쿠폰을 1장이든, 2장이든, 10장이든, 20장이든 한꺼번에 사용하도록 했고, 다른 음료 선택 시에는 쿠폰 1장당 1,500원 할인을 해준다. 실제로 20장을 한번에 사용한 고객님이 있었는데 3만 원 할인을 받으니 매우 기뻐했다. 왜냐하면, 쿠폰이 발급되면 시스템상으로 유효기간이 두 달로 뜨는데 기간 안에 사용하지 못해서 쿠폰이 사라지는 경우가 있었고, 다른 매장의 경우 한 번 주문에 쿠폰 1장만 사용 가능하다는 규칙이 있는 경우도 있어서 전혀 기대하지 않았는데 가능하게 되니 만족도가 높아진 것이다.

우리 매장의 홀에는 단체룸이 하나 있는데 어느 날 한 고객님이 이용하고 싶다고 문의하셨다.

"저 방은 어떻게 이용할 수 있나요?"

"단체룸은 5인 이상이면 이용 가능합니다. 이용시간은 2시간이며 안에 냉난방기가 있어서 리모콘으로 작동하시면 됩니다. 음료만 주문하시면 별도 이용료는 없습니다. 이용할 날짜와 시간을 알려주시면 예약 도와드리겠습니다."

단체룸 : 5~10명 입실 가능, 프라이빗한 공간, 냉난방시설과 리모콘, 이용요금 없음

고객은 룸 사용 시 별도 비용이 없다는 사실에 매우 놀랐다. 왜냐하면 요즘 커뮤니티 모임이 많아서 미팅이나 공간대여를 원하는 경우가 많은데, 별도 이용 요금이 있기 때문이다.

그래서일까? 우리 매장의 단체룸 이용은 매우 높은 만족도를 보이고 있으며, 정기적으로 이용하는 분들도 많은 편이다. 하지만 단

체가 아닌 경우에도 이용을 원하거나 이용시간보다 훨씬 초과하는 경우 등 다양한 변수가 있을 수 있으니 카페에 룸을 설치하고자 할 때는 다각도로 필요 여부와 활용방법을 고민해보고 상황에 맞게 결정하면 좋겠다.

주변에 회사, 학원, 교회, 은행이 많다 보니 선결제를 하는 경우가 있다. 예를 들면 5만 원, 10만 원, 이렇게 카드결제를 하고 직원들이 올 때마다 원하는 음료를 제공해달라고 요청하는 경우다. 적립 어플에 선결제기능이 있긴 하지만 각기 다른 사람들이 방문해서 급하게 미팅으로, 손님 접대용으로 음료를 주문하기도 하고, 휴대폰을 두고 오는 경우도 많으며, 매번 바코드나 절차가 복잡하면 불편해하는 것이 느껴졌다. 그래서 아날로그식으로 하니 관리가 가장 간편했고 우리 매장도 직원이 여러 명이다 보니 장부를 매일 공유하여 잘 관리할 수 있었다.

이렇게 선결제를 받기 시작했을 때는 사실 서비스가 따로 없었는데 어느 날, 30만 원 선결제가 들어왔다. 이번에 새로 이사온 보험회사였는데 한번에 30만 원 선결제를 이용하니 감사하기도 하고 서비스를 드려야겠다 싶어서 미니쿠키(2,500원 상당) 6개를 쇼핑백에 담아서 전달했는데, 이 덤으로 드린 미니쿠키가 너무 맛있고 좋으셨나보다. 그때가 시작이 되어 5만 원 이상 선결제를 하면 미니쿠키 1개씩을 덤으로 제공하고 있다.

그리고 2잔 이상 포장주문을 하면 사용하는 것이 2구 종이캐리어인데, 이 종이캐리어를 버리기 아깝다고 모아서 갖다주는 분들이 있다. 2구 종이캐리어 1개당 100원으로 계산하여 음료주문 시 할인해드리고, 개인 텀블러를 가져와 주문한 음료를 담아달라고 요청할 경우에는 결제금액에서 100원을 할인해드린다. 환경도 생각하고 고객에게 할인도 적용해드리고 일석이조의 서비스인 셈이다.

이처럼 우리 매장 상황에 맞게 할인과 덤(무료 제공) 서비스를 고민해보고 적용해보자. 가장 좋은 서비스는 윈윈하는 것이다. 고객도 좋고 우리 매장 재방문율도 올라갈 것이다.

02

센스를
발휘하라

남편과 연애하던 시절에 있었던 일이다. 같이 길을 걸어가면서 "이거 예쁘다"라고 이야기하고 잊었다. 그런데 어느 날 말도 없이 선물을 사왔는데 내가 예쁘다고 했던 제품이 들어 있었다. 그때 깜짝 놀랐다. 나도 순간적으로 나온 말이라 잘 기억하지 못하는데 그 말을 기억했다가 선물로 준비한 것이다. 나와 남편은 참 반대 성향인데, 나는 고등학교 때도 눈치 없고 둔해서 '둔녀'라는 별명이 있을 만큼 주변에서 일어나는 일, 상황에 관심이 없는 적이 많았다.

그런데 결혼도 해보고 사회생활도 해보고 창업도 해보니 센스만큼 중요한 것이 없었다. 우리의 인간관계, 비즈니스, 연애, 가정사 등 모든 일이 센스 있는 상황과 마주하고 센스 있는 사람을 만

나면 별게 아닌 것 같지만 큰 차이로 다가오게 되었다.

센스(sense)는 어떤 사물이나 현상에 대한 감각이나 판단력을 의미한다. 센스가 있다는 것은 감각적이고 판단력이 탁월하다는 것이다. 사람들은 자기가 필요한 것, 원하는 것을 이야기하지 않을 때가 많다. 그때의 상황이 긴급하거나 여유가 없거나 상대에게 부탁하기 미안하거나 불편할 수 있기 때문이다. 그래서 혼자 해결하기 위해 바쁘게 움직이는 경우가 많은데 이럴 때 얘기하지 않아도 옆에서 무엇이 필요한지 알고 전달해주는 사람, 행동하는 사람이 있다면 어떨까? 사막에서 오아시스를 만난 기분일 테고 당신을 보는 눈빛이 달라질 것이다.

비 오는 날, 우산을 쓰고 한 고객님이 들어오셨는데 양손에 짐이 한가득이었다. 음료 1잔을 테이크아웃 주문하셨는데, 이때 필요한 센스는 무엇일까?

손잡이가 있는 비닐캐리어에 담아주는 것이다. 1잔은 보통 담아주지 않지만, 짐도 많고 우산까지 들어야 하기 때문에 손잡이가 있는 1구용 비닐캐리어에 담아드리면 "감사합니다" 하고 고마워하실 것이다.

카페에서 근무하다보면 매일 같은 주문, 같은 요청사항이 있는 고객님을 발견하게 된다. 그 사람의 인상착의, 메뉴, 요청사항 등 특징을 기억해두었다가 응대하면 센스 있다고 느낄 것이다.

"오늘도 카페라떼죠? 우유 적게, 아주 뜨겁게 해드렸습니다."

"적립 있으시죠? 번호 눌러주세요!"

"얼음 적게 넣었습니다!"

"얼음 2개 넣었습니다."

"시럽 2번 넣어드렸습니다."

"바닐라라떼 덜 달게 해드렸습니다."

"미지근하게 연하게 해드렸습니다."

"캐리어에 담아드릴게요."

"설탕 2개 챙겨드렸습니다."

감각이나 판단력은 타고나는 것도 있지만 훈련하면 얼마든지 센스 있는 사람이 될 수 있다. 감각을 높이기 위해 오감을 항상 열어두자. 오감은 시각, 청각, 후각, 미각, 촉각이다.

첫째는 시각이다. 매장에서 일어나는 상황을 예의주시하고 눈으로 관찰하고 행동을 살핀다. 들어오자마자 홀을 둘러볼 때는 일행이 있어서 찾는 경우가 많고, 다급하게 다가올 때는 화장실을 찾는 경우가 많다. 또한 빈 컵을 정중하게 내밀 때는 뜨거운 물을 요청하는 경우가 많았으며, 주문하자마자 안절부절못하고 초조해할 때는 바쁘게 이동해야 하는 경우가 많았고, 손에 무언가를 쥐고 두리번거릴 때는 휴지통을 찾는 경우가 많았다. 주변을 관찰하고 고객의 행동에 관심을 기울이자.

둘째는 청각이다. 주문받을 때, 음료를 만들 때, 설거지를 할 때, 청소를 할 때도 귀를 항상 열어둔다. 고객끼리 나누는 대화에서 주문할 음료를 예측할 수 있고 그에 맞는 음료를 추천할 수도 있으며 음료 제조 시 빠르게 제공할 수 있는 프로세스를 미리 준비할 수 있다. 그리고 뒤에서 음료 쏟는 소리가 났을 때도 행주를 들고 가거나 떨어뜨린 포크나 스푼을 갖다드리는 등 빠르게 대응할 수 있다. 고객이 행주를 달라고 할 때도 그 말만 듣고 행주를 드리기보다는 왜 행주가 필요한지 생각하고 응대하면 좋다. 보통 테이블이 끈적거려서 달라고 하는 경우도 있고, 무언가를 쏟아서 달라고 하는 경우도 있다. 어떤 말을 들었을 때 왜 그 말이 나왔을지 한번 더 생각해보면 불편해하는 사항을 알아차리고 도움을 드릴 수 있다.

셋째는 후각이다. 매장에 계속 있으면 냄새를 잘 못 느낄 수 있다. 이상한 냄새가 나거나 불쾌할 수 있는 악취가 느껴진다면 원인이 무엇인지 한번 둘러보고 환기를 하고 조치를 취한다. 그리고 유통기한이 남아 있어도 잘 판매되지 않는 식재료가 있다면 사용하기 전에 냄새를 한번 맡아본다. 기한이 남아 있어도 상한 것처럼 냄새가 나서 클레임이 발생할 수 있기 때문이다. 그리고 오븐을 많이 사용한 날은 똑같이 조리해도 내부에 열기가 남아 있어서 베이커리가 타면서 냄새가 날 수도 있고, 행주를 깨끗이 세탁하지 않아서 냄새가 나는 경우도 있으니 위생적으로 관리하고 상황 판단을 한다. 또한 근무자 중 흡연하는 사람이 있다면 흡연 후에는 반드시 손을 씻고 담배 냄새가 나지 않도록 입을 헹구거나 가글을 해서 청결을 유지하도록 한다.

넷째는 미각이다. 음식을 판매하므로 기왕이면 맛있는 음료, 디저트를 제공해야 한다. 내가 먹는다고 생각하고 맛있게 만들어야 하고, 어떻게 하면 맛있게 드릴 수 있을지 제공 방법, 조리시간, 만드는 순서에도 신경 쓴다. 가령, 아메리카노와 허니브레드가 주문이 들어왔을 경우 허니브레드를 먼저 조리하고 조리가 다 되었을 즈음 아메리카노를 만드는 것이 좋다. 아메리카노의 에스프레소샷이 바로 추출했을 때 크레마거품이 가장 풍성하고 향도 좋으며 맛도 좋기 때문이다. 그리고 본사에서 출시되는 신메뉴는 레시피대로 조리해보고 맛이 어떤지 시음을 꼭 해본다. 매장마다 지역마다 고객의 성향이나 특징이 조금씩 다를 수 있으므로 조금 더 진하게, 달게, 연하게 등 상황에 맞게 레시피를 조절할 수 있다.

다섯째는 촉각이다. 코로나19 이후 직접 접촉은 삼가는 것이 좋다. 고객의 손이 닿는 부분은 자주 소독하고, 비닐 빨대로 제공하며, 단골이라도 빨대를 꽂아드릴 때 주의를 기울인다. 또한 베이커리 포장을 위해 종이봉투를 펼칠 때도 손을 넣지 말고 집게를 이용하는 등 위생적인 동작과 상쾌한 접촉이 되도록 매사에 주의한다.

앞문, 뒷문, 창문 등 다양한 출입구로 언제 어디서 고객이 들어오실지 모른다. 매장에 들어올 때부터 나가실 때까지 주문, 계산,

음료제조, 음료제공, 테이블정리, 오픈/마감 청소 등 카페에는 정말 많은 순간이 있음을 기억하자. 다양한 상황과 변수가 튀어나올 수도 있다. 가장 중요한 것은 침착하게 상황판단을 하고 대응하는 것이다. 마음의 여유를 갖고 미리 준비하는 습관을 들인다. 그리고 오감을 열어두고 멀티플레이어로서 필요한 것은 없는지 살피고 대응한다면 어떤 상황에서도 센스 있게 대처할 수 있다.

03

거절도 필요하다.
단, 정중하게

서비스를 제공하다보면 애매한 순간들이 있다. 해드리기도 안 해드리기도 애매한 그런 순간 말이다.

어느 날 아침, 한 고객님이 큰 물통을 가지고 매장을 방문하셨다. 아이스아메리카노 한 잔을 주문하며 컵에는 에스프레소샷만 넣고 물통 가득 얼음을 넣어달라고 요청하셨다.

어떻게 해드리는 것이 좋을까? 여러분이라면 어떻게 하겠는가?

겨울이라 얼음이 제빙기 안에 많이 있기도 하고 한 번은 해드릴 수 있겠다 싶어서 해드렸는데 문제는 그다음 날도, 그다음 날도 반복적으로 요청하니 은근히 스트레스가 되고, 얼음이 부족할 수 있는 여름에는 해드리기 곤란하다.

이처럼 매장에서는 다양한 상황이 발생하기 때문에 우리 매장에서 서비스할 수 있는 범위를 정해놓는 것이 좋다. 어디에서 어디까지 허용할지, 어디에서부터 거절할지 범위를 모든 직원이 공유한다. 다른 곳에서 서비스 경력이 있다 하더라도 매장마다 서비스 허용 범위가 다르기 때문에 직원들과 우리 매장의 서비스 원칙을 꼭 공유해야 한다.

거절을 할 때는 요령이 필요인데, 무조건적 단답형의 "안 돼요!"보다는 고객이 잘 몰라서 물어보는 경우도 있고, 왜 여기는 안 되냐고 화를 내거나 직원의 태도가 마음에 들지 않는다고 말꼬투리를 잡을 수도 있기 때문에 정중한 태도와 차분한 분위기로 양해하는 멘트를 시작으로 거절하는 것이 좋다.

"죄송하지만~", "불편하시겠지만~", "번거로우시겠지만~", "괜찮으시다면~"과 같은 쿠션언어를 앞에 붙이면 고객의 양해를 부탁드리면서 정중한 거절을 실천할 수 있다.

"리필 되나요?"
"죄송하지만, 저희 매장은 리필이 되지 않습니다."

"아메리카노 톨 사이즈(14oz) 1잔 주세요. 근데 컵은 벤티 사이즈(24oz)에 담아주세요."

"고객님 죄송합니다만, 주문하신 사이즈가 톨 사이즈라서 톨 사이즈컵에만 제공이 가능합니다."

"한 명이 배가 불러서 2잔만 주문할게요. 머그컵 하나만 더 주시겠어요? 나눠먹으려고요."
"불편하시겠지만, 똑같은 머그컵 제공은 어렵습니다. 뒤쪽 셀프바에 스텐컵이 있습니다."

(홀에 손님이 가셔서 테이블을 정리할 때 다른 테이블에 앉아 계신 분이 카드를 건네며)
"여기 아메리카노 한 잔 더 주세요!"
"괜찮으시다면, 주문은 카운터에서 도와드리겠습니다."

"아메리카노 한 잔 테이크아웃이요. 빈 종이컵 하나면 더 주시겠어요?"
"죄송하지만, 여분의 종이컵 제공은 어렵습니다."
"종이컵 한 개 얼마예요? 제가 돈 드릴게요!"
"죄송합니다. 종이컵만 따로 판매하지는 않습니다."

그리고 정중히 거절한 뒤에도 계속 요청하거나 어디에서는 해주는데 여기는 왜 안 되는지, 저번에는 해주었는데 이번에는 왜 안

해주는지 등의 이야기를 하실 경우 그 멘트에 당황하거나 기분 나쁘다고 인상을 쓰거나 언성을 높이는 것은 도움이 되지 않는다.

인도의 왕자, 영적 지도자였던 가우타마 붓다(기원전 563~기원전 483)가 한 무리를 가르치고 있을 때 일어난 일이다. 지나가던 사람이 화가 나서 붓다에게 욕설을 퍼부었다. 붓다는 인내심을 가지고 그가 내뱉는 분노에 찬 말을 다 들어주었다. 그러고는 무리와 행인에게 물었다.

"어떤 사람이 다른 사람에게 선물을 주었는데 받는 사람이 거절했다면, 선물은 누구의 것인가? 선물을 준 사람인가, 아니면 받기를 거절한 사람인가?"

무리는 잠시 생각에 잠겼다가 이렇게 대답했다.
"선물을 준 사람의 것입니다."

행인도 분노에 차서 말했다.
"바보라도 그건 안다고!"

"그럼 이렇지 않겠느냐? 누군가 우리를 모욕하고 자기 분노를 우리에게 떠넘길 때, 우리는 그것을 받아들일지 거부할지 선택할 수 있다. 다른 사람이 우리를 욕한다 해도 우리는 그 나쁜 감정의

주인이 누가 될지 선택할 수 있다."

다른 사람의 행동에서 모욕감을 느낄지, 아니면 태연할지는 우리의 선택에 달려 있다. 서비스 상황에서 고객이 던지는 한마디, 한마디에 너무 의미부여를 하고 상처를 받지 않아야 한다. 우리 속담에 '종로에서 뺨 맞고 한강에서 눈 흘긴다'는 말이 있다. 다른 곳에서 화나는 일이 있었는데 아무 상관도 없는 곳에 가서 화풀이하게 되는 경우 말이다.

고객에게 그럴 만한 사정이 있겠지 하고 무리한 요청을 하더라도 담백하게 받아들인다. 끝까지 침착하고 정중한 태도를 유지하도록 노력한다. 그리고 왜 안 되는지 이유를 설명해드리는 것도 도움이 될 수 있다.

세계 어디서나 사랑받는 커피는

우리의 영혼을 따뜻하게 데워주고 사람과 사람을 연결시켜준다.

한 잔의 커피를 마시기 위해서는 여러 가지 준비절차를 거쳐야 하고,

커피를 잔에 따른 뒤에도 십여 초 정도 다시 기다려야 한다.

이러한 점에서 커피는 아무런 생각 없이 마실 수 있는

음료들과는 구분된다.

커피는 주의와 시간을 필요로 하는 음료이다.

대부분의 사람들은 이 시간을 함께 나누는 것 또한 사랑한다.

아침 식사 시간에 베두인의 텐트 속에서,

사무실의 복도에서, 카페에서, 커피는 만남과 대화를 제공한다.

커피는 메신저이다.

– 창해ABC북 《커피》 중에서

"
스스로 더 나은 방법을

모색하고 개선을 하고

책임감 있게 업무를 수행하고

발전해나가는 직원들 덕분에

현재 카페는 안정적으로 운영되고 있다.

앞으로의 사업에도 함께
시너지를 만들어갈 것이다.
"

Part **07**

조직문화,
장사는 혼자 하고
사업은 같이하는 것

사람이
가장 중요하다

어느 도서관에 갔더니 이런 문구가 있었다.

'책 대신 사람을 빌려드립니다!'

도서관에서 도서를 대출받아서 읽기도 하고 자주 이용했던 터라 놀라움을 금치 못했는데 알고 보니, 책을 집필한 작가와 소규모 인원이 함께 만나 책과 작가에 대한 스토리도 듣고 사인도 받고 소통하는 프로그램이라니 참 좋은 아이디어라는 생각이 들었다.

미국의 미래학자 존 네이스비츠(John Naisbitt)는 1982년 집필한 그의 저서 《메가 트렌드(Megatrends: The New Directions Transforming our Lives)》에서 하이테크(High Tech)와 하이터치(High Touch) 개념을 설명했다. 고도의 기술이 도입되면 될수록 그 반동으로 더 인간적인 따뜻함이 유행한다는 것이다. 이러한 인간적인 반응을 하이터치라고 하였다. 요즘이 어떤 시대인가? 스마트폰으로 내비게이션으로 SNS로 실시간으로 정보를 검색하고 공유하고 첨단 디스플레이로 생활이 윤택해지고 편리해지는 최첨단 스마트 시대 아닌가. 하지만 기술이 발전할수록 감성을 그리워하고 있다.

물론 요즘 무인주유소, 무인현금인출기, 무인세탁소 등을 주변에서 볼 수 있지만 왠지 모를 불안함과 불편함이 아직도 공존하는 것은 사실이다.

처음 카페를 시작할 때 남편은 나에게 이런 말을 하곤 했다.

"우린 장사꾼이 아닌 사업가가 되자!"

"사람이 최고의 자산이야. 우리가 다 할 수 없어. 직원들 잘 챙겨주고 같이 가자!"

하지만 카페를 시작하고 운영이 잘되어서 수익이 나면 당연히 잘해주겠지만, 지금 한 치 앞도 보이지 않는데 어떻게 직원들에게 잘해주란 말인가? 사실 너무 불안하고 막막했다. 그동안 직장생활과 강의로 많은 경영인을 만났고 경험도 들으면서 익히 중요하게 생각한 부분이긴 했지만, 막상 현실로 마주하다 보니 적지 않은 돈을 투자했는데 그렇게 하다가 운영이 잘되지 않으면 큰일이기 때문이다.

1호점을 오픈한 후 3개월의 시행착오 끝에 많은 부분을 반성하게 되고 또 느끼게 되었다. 남편의 말이 옳았다. 직원들을 채용할 때 가장 꼼꼼하게 세심하게 우리와 함께 갈 수 있는 직원으로 뽑기 위해 공을 들이고 있다. 채용한 직원은 일단 믿고 맡기는 편이다. 우리 카페의 분위기, 메뉴, 레시피를 익히게 하고 직원들과 함께하면서 선배를 통해 현장코칭으로 OJT(On the Job Training)교육을 3일 정도 받고, 정식 근무를 시작하면 내가 그 직원과 함께 근무하면서 우리 카페의 고객성향, 고객 불만사례와 대응방법, 디테일하게 고객을 배려하고 응대하는 방법, 인사와 표정, 목소리 등을 꼼꼼하게 지도한다.

무조건적인 칭찬이나 비판은 지양하는 편이다. 실제적이면서도 객관적인 피드백을 위주로 하고, 지속적인 관심으로 직원이 스스로 업무를 잘할 수 있도록 독려하고 지원한다.

그래서일까. 시간이 흐를수록 우리와 함께하는 직원들이 이제 남이 아닌 가족처럼 느껴진다. 하나라도 더 챙겨주고 싶고 서로 배려하고 알아서 책임감 있게 일을 수행하는 직원들이 많아지다 보니 직원들만 봐도 든든하고 스트레스가 사라지는 듯하다.

2호점 매니저는 고객들이 사장님으로 생각할 만큼 첫 오픈 때부터 계속 매장을 책임지고 이끌어가고 있는데 단골뿐 아니라 고객들의 불편사항, 매장운영에 대한 전반적인 부분을 꼼꼼하게 챙기고 있다.

1호점과 2호점을 교대로 주말근무를 책임지고 있는 직원들 또한 1년 넘게 우리 카페에서 근무하고 있는데 고객응대, 음료제조, 매장관리 등 세심한 부분까지 알아서 척척 수행하고 있는 믿음직한 친구들이다. 10시에 문 닫을 시간이 되어 마감준비를 하다 보면 신규 직원의 경우 일찍 퇴근하고 싶은 마음에 9시 30분부터 간판불을 끄기도 하고 주문을 안 받는 경우도 있지만, 이 직원들은 도리어 더 판매하고 가려고 노력하는 모습이 참 미안하기도 하고 고맙기도 하다. 사람이 가장 중요하다는 것을 또 깨닫게 된다.

원자력 해군의 아버지인 하이먼 G. 릭오버(Hyman G. Rickover)는 1970년 워싱턴의 한 연설에서 이런 말을 했다. "조직이 일을 해내지 않습니다. 계획과 프로그램이 일을 해내지 않습니다. 오직 사람만이 일을 해냅니다."

좋은 사람들이 모여서 즐겁게 일하고 있는 곳, 그곳이 진짜 사업이 잘되는 곳 아닐까. 장사는 혼자 하고 사업은 같이하는 것이다. 남편과 나는 앞으로도 많은 사람을 만날 테고 그들과 함께 즐거운 항해를 할 것이다.

02

직원의 편을
들어주어라

우리 카페 단골이신 바로 옆 분식점 사장님께서 오늘은 웬일인지 커피 3잔을 주문하셨다.

"안녕하세요, 사장님. 오늘은 석 잔이네요?"
"우리 직원들 주려고요. 잘해줘야죠. 얼마나 고생하는데."

분식점 사장님은 예전에 가게를 5개까지 운영했을 정도로 경험이 많은 분이시다. 오픈 초창기부터 많은 도움을 받고 있는데 한결같이 직원들에게 잘해주신다. 그래서일까. 직원들이 오랫동안 근무를 하고 있다.

필자는 처음에 이런 부분을 잘 생각하지 못했는데 주변의 장사 선배들을 보면서 그리고 프랜차이즈카페 점주 커뮤니티에서도 대화를 나누다 보면 내가 참 배울 부분이 많구나 하는 것을 느끼게 된다. 한번은 이런 일이 있었다. 쉬는 날이었는데 모르는 번호로 전화가 왔다.

"여보세요."
"○○커피숍 사장님이세요?"
"네. 맞는데요."
"직원교육을 어떻게 하는 거예요?"

소리를 지르면서 흥분을 참지 못하고 이야기를 하는데 심장이 막 뛰기 시작했다. 도대체 무슨 일이란 말인가?

상황은 그랬다. 추운 겨울 직원이 따뜻한 아메리카노를 주문한 고객에게 뚜껑을 닫아서 음료를 내주었는데 뚜껑이 덜 닫히는 바람에 고객이 손을 데었다. 신속하게 얼음이나 물수건으로 닦아드리면서 죄송하다고 했어야 하는데 냅킨을 드렸다는 것이다.

근무한 지 얼마 되지 않은 직원이라 대응도 미숙하고, 원래 표정이 차분하다 보니 고객으로서는 대수롭지 않게 반응한 것으로 생각하고 기분이 나빴던 것이다. 전화를 끊고 나서 '연락처를 알려주면서 나에게 이야기라도 해주었으면 좋았을걸' 하고 푸념을 하며 직원에게 화를 냈다. 그렇게 화를 내고 나니 기분이 참 안 좋았다. 다 부족한 내 탓인 것 같았다. 일단 고객께 전화를 걸어서 자초지종을 설명하고 불미스러운 일에 대한 사과를 드렸다. 그리고 병원치료를 받으실 것을 권유하고 치료비 정산, 직원교육에 대한 약속까지 완료했다.

한바탕 일을 치르고 나서 선배 점주에게 상담을 요청했는데 이런 말을 해주셨다.

"아휴, 그 직원이 너무 걱정되네요. 얼마나 힘들었을까요. 많이 위로 좀 해주세요."

미처 예상치 못한 말씀에 머리를 한 대 맞은 것처럼 정신이 번쩍 들었다. 내 입장에서만 생각한 나 자신이 부끄러웠다. 순간 가슴이 먹먹해지고 미안한 생각이 들었다. 직원에게 전화를 걸었는데 아니나 다를까 수화기 너머로 직원이 흐느끼는 소리가 들려왔다. 직원도 처음 겪는 일인데 죄송하다며 울먹이니 나도 눈물이 났다.

카페를 운영하다 보면 이처럼 크고 작은 컴플레인(Complaint : 항의)이 발생할 수 있다. 고객의 불편을 최소화해서 만족을 시켜드리는 부분도 중요하지만 왜 그런 일이 발생했는지 상황과 직원의 마음상태를 이해하는 것도 중요하다. 직원을 무조건 탓하기보다는 함께 이야기를 나누고 그들의 편에서 생각하고 배려하는 것이 중요함을 깨달았다.

어느 날 표정이 좋지 않거나 목소리가 가라앉아 있다면 분명 이유가 있을 것이라고 생각한다. 이야기를 나누면서 직원이 가진 강점과 지금의 느낌, 그리고 컨디션이나 기분에 대한 부분을 체크해서 배려해주고자 한다.

우리 카페의 경우 피크타임이 따로 정해져 있는 것은 아니지만, 바쁠 때에는 직원들이 서로 보조를 맞추어서 빠르게 음료를 만들고, 비품을 채우고 테이블을 정리하느라 분주하다.

카페 일을 단순하게 보고 쉽게 여기는 사람도 있지만, 근무하다 보면 손목 관절이 시큰거리고, 허리가 아프고 에너지 소모가 많아 힘든 부분이 있다. 다른 카페의 경우 계속 서 있어야 하고 앉을 수조차 없는 곳도 있다는 이야기를 들었는데, 안 바쁠 때에는 잠시 쉬는 여유도 있어야 에너지를 채우고 기운을 내서 일을 할 수 있지 않겠는가. 그래서 우리 카페에는 직원들이 앉아서 쉴 수 있도록 카운터 안에 의자를 비치하고, 겨울에는 안쪽이 추울 수 있어 미니온풍기도 비치했다. 추운 날 아침 일찍 나와서 청소하고 근무하면서 미니온풍기 덕분에 직원들의 표정도 밝아졌다.

또 근무시간이 너무 짧거나 너무 길다면 그리고 스케줄이 자주 바뀐다면 안정적으로 일을 하기가 어려울 것이다. 카페의 특성상 여름엔 성수기, 겨울엔 비수기이지만 근무시간을 갑자기 줄이거나 스케줄 변동은 되도록 하지 않는 편이다.

매월 20일에 다음 달 근무 스케줄을 짜는데 일방적으로 짜서 통보하는 것이 아니라 미리 직원들에게 꼭 쉬어야 하는 날, 근무조에 대한 의견을 받는다. 그렇게 반영된 스케줄표는 웬만해서는 거의

변동 없이 한 달 내내 지켜지는 편이다.

다른 카페에 비해 수습기간도 거의 없다. 이렇게 카페를 운영하다 보니 직원들 스스로 주인의식도 생기고 어떻게 하면 매장을 쾌적하고 청결하게 운영하고 서비스를 제공할지 알아서 척척 해내고 있다.

03

함께하는
모임을 만들어라

소셜(Social) 시대를 살아가고 있는 요즘, 현대인들의 필수 아이템은 바로 휴대폰이다. 휴대폰 안에서 다양한 채널과 커뮤니티로 빠르게 정보를 공유하고 실시간으로 소통을 한다. 이렇게 빠르고 간편한 소통방식은 어떻게 보면 많은 편리함과 시간적인 여유를 가져다주었지만, 함께할 때 느낄 수 있는 편안함과 따뜻함, 든든함과 같은 매력을 대체할 순 없는 듯하다.

영상통화를 하고 목소리를 들어도 얼굴을 봐야 속이 시원하고 만나서 이야기도 나누고 안부도 묻고 어깨도 토닥여주고 힘들 때 손도 잡아주고 해야 진짜 소통이 되는구나 싶으니 말이다. 함께 살고 있는 가족 간에도 요즘은 바빠서 얼굴 보기가 힘들다고 하는

데 진정한 소통을 위해 시간을 내서 분위기를 만들어야 하지 않겠는가.

필자는 어렸을 때 소극적인 성향이었기 때문에 집안에 행사가 있거나 모임이 있으면 불편을 느낀 적도 많았다. 하지만 나와 비슷한 성향의 사람들 때론 나와 반대되는 성향의 사람들을 만나면 공감대가 형성되고 오히려 잘 통하기도 하면서 이제는 다양한 사람들과 이야기하고 소통하는 것을 즐기게 되었다.

사회생활을 처음 시작했을 때에도 조직의 분위기에 맞게 적응하고 모임을 주관하고 적극적으로 참여하며 인맥도 넓어지고 유대감이 생기면서 업무의 효율성도 높아지고 스트레스도 해소되는 등 긍정적인 효과를 경험했다.

프랜차이즈로 시작한 카페창업이지만 우리만의 모임을 만들고 싶었다. 특별한 명칭은 없지만 정기적인 회식자리에서 서로 다른 지점이지만 한 울타리 안에서 함께 인사하고 소통하는 자리, 직원들의 생일파티, 영화상영, 맛있는 음식을 먹고 맥주 한잔을 기울이는 힐링(Healing)을 할 수 있는 자리 말이다.

처음엔 걱정도 많았다. 큰 기업도 아닌 작은 카페를 운영하면서 거창하게 워크숍을 갈 수 있는 것도 아니고, 365일 쉬는 날도 없는데 시간을 내서 모임을 하고 회식을 하면 직원들은 과연 반기겠는가 싶었으며, 아직 1년도 운영해보지 않은 시점에 수익이 나면 돈을 모아야지 쓸 생각을 해서야 되겠냐는 등 내 안에서 악마의 속삭임도 들려왔다.

직원의 관점에서 생각해보았다. 내가 근무하는 카페에서 회식을 한다면? 대학을 다닐 때 아르바이트를 하고 카페근무를 해본 적도 있기에 떠올려보니 회식하는 데는 단 한 곳도 없같다. 요즘도 그럴까하고 알아보니 다른 카페에는 이런 회식이 없는 곳이 많다고 했다. 시간도 그렇지만 카페에서 일하는 직원들이 자주 바뀌는 이유도 있고, 정직원이 아닌 파트타임으로 일주일에 몇 시간씩만 근무하는 직원들도 많기 때문이다. 혼자 운영하는 카페도 있을 것이고 그 이유도 다양했다.

일단 내가 직원이라면 근무가 끝났지만 함께할 수 있는 회식이 있다면 즐거울 것 같았다. 비슷한 나이, 비슷한 거주지, 같은 근무장소라는 공통점이 있어 쉽게 공감대를 형성할 수 있고 서로의 생각과 관점, 일하면서 느낀 점, 다른 곳에서 일했던 경험 등을 함께 나눌 수 있으며 힘들 때나 도움이 필요할 때 서로에게 의지하고 조언을 구하기도 편하고 혼자가 아닌 함께라는 든든함도 생길 수 있을 테니 말이다.

정(情) 중에 '밥정'이라는 게 있다. 같이 밥 한 끼 먹으면 정이 든다는 거다. 사람들과 친해지고 싶을 때, 오랜만에 만나서 반가울 때 나누는 인사말이 "언제 밥 한번 먹어요!"다. 밥 먹으면서 이야기도 하고 시간을 보내면 더욱 친밀해지고 정이 드니 말이다. 그래서 요즘 함께 여행을 가고 밥을 지어서 한 끼니 정성스럽게 차려 나누면서 정을 키우는 방송 프로그램, 그래서 시청자로서도 정감이 생기고 호감이 되는 방송이 많이 생기나 보다.

채널A에서 방영하는 〈서민갑부〉라는 프로그램을 보는데, 한 지역에서 유명한 헤어숍 원장님이 출연을 하였다. 그 헤어숍은 단골 고객수 6만 명에 일명 대박 매장이었는데 다른 무수히 많은 헤어숍과 차별요소는 실력도 실력이지만 바로 '밥'이었다. 머리를 하러 오는 고객의 입장에서 생각해보고 직원의 입장에서 생각해보니 식사 때를 놓치는 경우가 많았다고 한다. 그래서 함께 밥을 먹자고 생각한 것이다.

처음에는 도시락을 함께 나누다 지금은 헤어숍 바로 인근에 식당을 마련해서 식사 때가 되면 직원들과 고객들이 함께 즐겁게 식사하고 이야기를 나누는데, 이렇게 함께한 한 끼 식사가 사람들에게 정감을 주고 따뜻한 인정으로 그 헤어숍에 애착을 갖게 한 것이다.

사회생활이 처음인 직원도 있고, 다른 곳에서 근무해본 직원도 있다. 직원들이 따뜻한 정감을 나눌 수 있는 카페가 되고 싶다는 생각이 들었다. 하루에도 바쁜 날에는 제대로 이야기를 나누기도 어렵고 스케줄이 맞지 않으면 서로 얼굴 보기도 힘들다. 이럴 때 모두가 함께 모여서 맛있는 음식도 먹고 이야기도 나눈다면 얼마나 좋겠는가?

2호점을 오픈하게 되면서 갑자기 늘어난 식구들과 처음 회식을 진행하게 되었는데 즐겁게 할 수 있는 방법을 고민하다 보니 영화 보기, 생일파티도 함께하면 좋겠다는 아이디어가 나왔다. 직원들의 생일 날짜를 파악하고 생일케이크는 물론 함께 보고 싶은 영화를 투표하고 빔프로젝트와 기자재도 준비하고 다과와 음료, 치킨과 맥주 등을 준비하는데 설렘이 가득했다.

정직원뿐만 아니라 주말에 파트타임으로 근무하는 직원들도 쉬는 날임에도 적극적으로 동참해주었고 업무가 끝나고 늦은 시간 시작됐음에도 즐겁게 참여하게 되었다. 최근 있었던 각종 에피소드로 함께 웃고 즐기고 화기애애한 분위기 속에 시간이 어떻게 흐르는지 모를 정도였다.

이렇게 모임을 한 뒤로 끈끈한 결속력도 생기고 직원들 간에 서로 이해하고 배려하고 챙기는 모습, 우리 카페에 대한 애착도 생겨서 열정적으로 책임감 있게 매장을 이끌어가고 있다. 그래서일까? 지금 함께한 직원들 중에는 장기근무자가 많은 편이다. 장기근무자가 많으면 고객에게도, 카페를 운영하는 내게도 분명 플러스 요인이다.

단골고객의 성향을 알기에 알아서 음료를 제조하고 친근하게 응대하며, 매장운영에 노하우가 생겨서 알아서 기기관리, 청소, 그 외 필요한 사항들을 미리 알고 챙기기 때문이다. 이렇게 한식구가 되어 함께할 수 있어 기쁘고 항상 직원들에게 감사하다. 앞으로도 지금처럼 직원들이 함께할 수 있는 자리를 마련해 즐거운 선순환이 일어날 수 있도록 노력할 것이다.

04

왼손이 하는 일을
오른손이 알게 하라

우리 카페의 직원 모두가 매일 얼굴을 보기도 어렵고 근무스케줄에 따라 매일 같은 시간에 같은 직원들이 근무하는 것이 아닌데다 주말에는 주말직원이 따로 있어서 의견을 공유하고 함께 소통하는 것이 어렵다.

오픈 때, 마감 때 해야 할 일은 체크리스트가 따로 있지만 직원들 각자 강점이 있고 성향이 다르기 때문에 같은 일도 더 잘하는 직원이 있다. 또한 매뉴얼에 나와 있지 않아도 알아서 할 일을 찾아서 하기도 하고, 정기적으로 체크해야 하는 일, 수시로 해야 하는 일 등을 미리미리 체크해서 하는 직원도 있다.

직원이 또는 사장인 내가 알아서 일을 했다 하더라도 신경을 쓰지 않고 관심이 없으면 다른 직원들이 모르고 넘어가는 경우도 많다. 그래서 우리 매장에서는 무조건 일을 했으면 티를 내도록 장려한다. 즉, 왼손이 하는 일을 오른손이 알게 하라는 것이다.

잘한 부분, 개선한 부분을 공유하면 미처 깨닫지 못했던 부분을 알게 되어 더 신경 쓰고 체크하게 된다. 서로에게 자극이 되고 더 열심히 할 수 있는 동기부여 차원에서도 좋고, 좀 더 주인의식을 가지고 내 매장처럼 운영하게 되는 부분도 생긴다. 다 같이 소통할 수 있는 스마트폰 메신저로 공지도 하고 지점별로 시행한 것을 사진으로 올려 의견을 내고, 또 알아서 개선을 하거나 자랑할 부분이 있으면 올리도록 하다 보니 모두가 함께 이해할 수 있고, 새로운 열정도 생기고 노력하게 된다.

1호점 오픈 전에 본사교육도 받고 직영점에서 며칠 근무를 했지만, 실무를 하다 보면 모르는 게 참 많았구나 하는 생각이 든다. 이미 교육 때 들은 내용이었어도 잊어버리기도 하고 기억이 안 나는 부분도 있으니 완전히 배운다는 것은 힘든 일이다. 완벽한 직원도 완벽한 사장도 없다. 서로서로 배우는 부분이 많기 때문에 각자가 잘하는 부분은 공유하고 부족한 부분은 스스로 깨닫고 개선하는 것이 중요하다.

처음 1호점을 오픈했을 때에는 모르는 것도 많았지만, 어느 정도 시간이 흐르자 스스로 잘하고 있다는 생각도 들었다. 그렇게 2호점을 오픈하면서 한 직원을 만나게 되었는데 그때 깨달았다. 내가 미처 잘 알지 못하고 넘어간 부분도 많았다는 것을.

재료를 정리하고 사용할 때는 선입선출(先入先出, First In First Out)이 중요하다. 그런데 알면서도 편리함을 추구하다 보면 모른 척 넘어가기도 하고, 그냥 눈에 보이는 대로 쓰기 편한 대로 사용하기도 한다. 예를 들면, 파우더를 채울 때에는 사용하던 파우더를 다른 통에 옮겨 담아두고, 파우더통을 깨끗이 씻어서 잘 말린 다음, 새 파우더를 담고 그 위에 기존 파우더를 올려야 선입선출이 되는 것인데 급하거나 귀찮으면 그냥 사용하던 파우더 위에 새 파우더를 채우는 부분도 있다.

원두도 신선도가 중요하기 때문에 유통기한을 확인하고 먼저 입고된 원두부터 사용해야 하는데 가장 최근에 온 것을 무심코 먼저 사용하게 될 때가 있다. 그렇게 되면 오래된 원두는 품질이 떨어지고 계속 재고로 쌓이게 된다. 우유도 유통기한이 보이게 진열을 하고 가장 기간이 긴 것을 맨 뒤로 진열해야 순차대로 우유를 사용할 수 있다. 정리정돈을 해야 하는 것은 알지만, 어떻게 해야 할지 몰라서 청소도 어디를 어떻게 해야 잘하는 것인지 몰라서 못 하는 경우가 많다. 원래 정리정돈을 잘하는 사람이 있고 노하우를 갖고 있는 직원들이 있다.

스스로 더 나은 방법을 모색하고 개선하고 책임감 있게 업무를 수행하고 발전해나가는 직원들 덕분에 현재 우리 카페는 안정적으로 운영되고 있고, 앞으로의 사업에도 함께 시너지를 만들어 갈 것이다.

커피를 가장 많이 마시는 나라는?
세계 최대 커피 체인 스타벅스의 나라 미국? 아니다. 핀란드다. 핀란드의
연간 1인당 커피 소비량은 12kg에 달하며 직장에서 커피 타임을 즐기는
문화가 자리 잡고 있다. 노르웨이, 아이슬란드, 덴마크, 네덜란드 등이 뒤
를 이었다. 미국은 25위를 기록했다.

최대 커피 생산지는 브라질, 2위는?

브라질은 세계 커피 생산량의 3분의 1을 생산하는 압도적인 1위 생산지
다. 그다음 흔히 듣는 이름은 콜롬비아, 에티오피아겠지만 2위 생산국은
다름 아닌 베트남, 인도네시아가 4위다. 3위인 콜롬비아, 5위인 에티오피
아 등 이들 5개 나라가 세계 커피 생산량의 70%를 차지하고 있다.

"
청소를 할 땐 귀찮기도 하고

한 번 거를까 싶은 생각이 들다가도

하고 나면 깨끗한 환경과 분위기 덕분에

내 마음까지 상쾌해진다.

깨끗한 곳은

상쾌한 향기가 나고

상쾌한 공기가 가득해

사람들은 계속

그쪽으로 향하게 될 것이다.

"

Part 08

품질,
좋은 품질은
청결과 관리에서 나온다

깨끗한 매장,
깨끗한 복장이 모두를 상쾌하게 한다

'복장에 따라 사람들의 반응이 달라질까?'

2010년 〈SBS스페셜〉에서 직접 실험에 나섰다. 장군이 노숙자 복장을 하고 거리에 나타났을 때 사람들은 그를 피하고, 호텔에서 커피 한잔의 여유도 허락되지 않았다. 길에 쓰러져 위험하고 긴급한 상황에서도 오랫동안 그곳에 버려져 있었던 것처럼 사람들은 관심조차 갖지 않았다.

이번에는 노숙자에서 장군 복장을 하고 나타났는데 그를 바라보는 시선이 달라졌다. 모두가 호의적이고 더 이상 차갑지도 무섭지도 않은 사회 분위기가 느껴졌다. 노숙자 복장일 때와 마찬가지로 길에 쓰러져 있었는데 10분 동안 방치되었던 기존과 달리 1분 만에 사람들은 그에게 관심을 가지고 재빨리 신고를 하는 반응을 보였다.

티피오(TPO)라는 말이 있다. Time(시간), Place(장소), Occasion(상황)에 따라 경우에 맞는 의복을 착용하는 것을 일컫는 말이다. 커피숍은 커피, 음료, 베이커리를 판매하고 서비스하는 공간이다. 이곳에 들어갔는데 직원의 복장이 지저분하고 정돈이 되어 있지 않다면 음식에 대한 불신, 불쾌감이 들 수 있다.

커피전문점은 영업신고를 할 때 대부분 휴게음식점으로 신고하게 된다. 고객의 휴게공간, 쉼터, 음식을 즐기고 맛보고 쉬어가는 공간에서 쾌적함은 매우 중요하다. 일하는 공간뿐 아니라 서비스하는 공간은 항상 청결하게 관리돼야 한다.

우리 매장은 매일 하루에 두 번 청소에 공을 들인다. 오픈청소와 마감청소다. 오픈시간은 8시, 출근하면 바로 매장 조명과 간판 불, POS(Point of Sales : 판매시점 정보관리시스템)를 실행하고 간단히 정리정돈한 뒤 바로 청소부터 한다. 출입문과 창문을 열고 환기를 하고 바닥을 쓸고 물걸레질을 꼼꼼하게 한다. 구석구석 먼지 제거가 중요하다. 고객이 앉는 의자와 테이블도 닦고 유리창, 쇼케이스도 유리세정제로 닦고 셀프바, 카운터 내외부도 끈적이지 않도록 얼룩을 제거해서 깨끗하게 만든다.

마감청소는 하루 영업을 마무리하면서 커피머신 청소, 오븐 청소, 오븐접시와 집게, 도마, 칼, 소스펌프, 소스통, 셀프바 물컵, 주전자 등 하루 동안 사용한 매장기계들과 도구들을 설거지하고 깨끗하게 세척한다. 커피행주와 테이블행주, 스팀행주도 매일 베이킹파우더를 이용해 삶아서 깨끗하게 말려서 다음 날 사용한다. 오픈과 마감 때 빠뜨리는 부분이 있으면 큰일이기 때문에 체크리스트를 만들어서 매장에 비치한 뒤 직원들이 꼼꼼하게 시행하도록 하고 수시로 매장에 가서 확인을 하고 지속적으로 피드백을 한다.

오픈, 마감 때 매장을 깨끗하게 오픈하고 깔끔하게 마무리하는 것이 매우 중요하기 때문에 이해를 돕기 위한 동영상도 따로 제작하여 직원들에게 공지하고 새로 온 직원들도 숙지할 수 있도록 하고 있다.

올해에는 여름이 되기 전에 전 매장 소독을 실시했다. 벌레들이 출몰하지 않도록 해충작업을 철저히 하기 위해서다. 건물에서 관리비를 내면 해주는 소독도 있지만, 따로 업체를 섭외해서 비용을 부담하면서까지 해충작업을 진행했다. 좀 더 청결한 매장이 될 수 있도록 하기 위함이다. 소독은 특히 더 신경을 쓰고 있는 부분이기도 하다.

깨끗한 복장이라고 해서 단순히 옷만 해당하는 것은 아니다. 머리부터 발끝까지 청결과 조화가 중요하다. 머리는 하나로 묶어서 얼굴을 드러내고, 피부를 생기 있게 해주되 튀지 않는 메이크업을 하며, 무늬가 없는 흰색 또는 검은색 상의(너무 몸에 붙거나 헐렁하지 않은 것으로)를 입도록 한다. 매일 두르고 일하는 앞치마 또한 청결을 유지하도록 깨끗이 세탁을 하고 손질을 해서 착용하고 있다.

처음 카페를 오픈했을 때에는 모든 것이 깨끗하다. 시설도 기계도 유니폼도 앞치마도 행주도… 모든 도구가 '새것'이기 때문이다. 하지만 아무리 처음에 깨끗한 시설도 기계도 도구도 관리하지 않으면 금세 지저분해지고 얼룩이 생기고 찌든 때가 들어버린다.

청소를 할 땐 귀찮기도 하고 한 번 거를까 싶은 생각이 들다가도 하고 나면 깨끗한 환경과 분위기 덕분에 내 마음까지 상쾌해진다. 세탁을 하고 드라이를 하고 다림질을 해서 조금 더 신경 써서 입으면 새 옷을 입은 것처럼 기분이 좋아진다. 이 기분은 내 표정, 행동을 자신 있게 만들어주어 걸음걸이도 상쾌해진다. 이것을 본 다른 사람은 어떨까? 그 사람 또한 덩달아 기분이 상쾌해질 것이다. 깨끗한 곳은 상쾌한 향기가 나고 상쾌한 공기가 가득해 계속 그쪽으로 향하게 될 것이다.

02

기기점검,
필터교체 제때를 챙겨라

어느 날, 2호점 직원에게서 전화가 왔다.

"사장님 큰일 났어요! 그라인더(커피원두를 잘게 분쇄해주는 기계)가
작동이 안 돼요."

"갑자기요?"

"네. 조금 전까지 됐는데 갑자기 작동이 안 돼요…. 어떡해요?"

시계를 보니 저녁 6시가 조금 넘은 시각이었다. 다행히 그리 바
쁜 시간은 아니었지만 저녁 10시에 영업마감이기 때문에 아직도
4시간이나 영업을 해야 했고, 오늘은 그렇다 치더라도 내일까지

지장을 준다면 큰일이었다.

본사에도 연락을 취해 보고 다른 지점 선배점주들에게도 연락을 취해 봤지만 딱히 대안이 없었다. 서브 그라인더를 갖고 있는 매장은 거의 없을뿐더러 있다 하더라도 빌리기가 쉽지 않았다. 매장을 운영하다 보면 돌발 상황이 있기 때문에 선뜻 빌려줬다가 그 매장에 일이 생기면 큰일이기 때문이다. 그렇게 조바심을 내고 있을 때, 남편이 나갈 채비를 했다. 직접 가서 손을 써보겠다는 것이다. 그렇게 한 시간 반 정도 지났을 때 연락이 왔다. 기술자도 아닌 남편이 계속 업체와 연락을 취해서 그라인더를 분해하고 다시 조립하면서 원인을 파악하고 고친 것이다.

2시간 만에 그라인더는 제대로 작동이 되어서 영업을 이어갈 수 있었고 다음 날부터 무리 없이 지금까지 잘 사용하고 있다. 그 사건 이후, 우리는 제때 기기점검을 하고 대비를 하는 것이 얼마나 중요한지 절실히 깨닫게 되었다. 눈앞이 깜깜하고 까마득했던 그 순간을 지금도 잊을 수가 없다.

그라인더는 커피 찌꺼기가 끼지 않도록 세정제를 사용해서 주기적으로 청소한다. 커피머신은 매일 마감 때 청소하면서 버튼을 눌러보고 물줄기가 제대로 나오는지 확인해서 이상이 있으면 바로 교체한다. 소모품을 미리 구비해 두었기에 가능한 일이다. 머신이 매장에 처음 입고될 때 머신 업체 담당자나 본사 슈퍼바이저가 머신사용법, 청소요령, A/S, 부품교체 등을 알려준다. 잘 숙지해 놓으면 점주가 직접 할 수 있기 때문에 출장을 요청하지 않아도 되고 시간절약, 비용절감 등 여러 가지로 효과적이기 때문에 직접 모든 것을 알아두면 좋다.

블렌더(Blender : 믹서기), 쇼케이스냉장고, 냉장/냉동고, 제빙기 등 고가의 기계들은 옆쪽 또는 뒤쪽에 보면 모델명, A/S문의처, 주소 등이 표기되어 있다. 보통 기계들의 A/S기간은 1년인 경우가 많다. 카페를 오픈하고 1년이 되기 전에 미리 무상보증기간을 확인하고 활용하면 좋다. 특히 쇼케이스와 제빙기는 문제가 생기면 출장비, A/S비용이 높은 편이기 때문에 지금 아무 이상이 없다고 방심하지 말고 미리 체크한다.

쇼케이스의 경우, 아무 이상이 없었지만 6개월쯤 되었을 때 전화를 걸어서 한번 A/S를 받고 싶다고 이야기했더니 무상A/S가 1년까지라 다행히 기사분이 인천 지역을 가게 될 경우 들른다고 해주셨다. 시원한 아이스아메리카노 한 잔으로 기사님께서 쇼케이스 관리방법과 청소, 소리에 대한 감지 등 미처 알지 못했던 부분까지 노하우를 알려주고 처리해주셔서 직원들과도 공유하고 계속 관리한 덕분에 아무 이상 없이 잘 사용하고 있다.

냉장/냉동도 미리 연락했는데 전화로만 해결한 것이 화근이 되었다. A/S업체에서 바로 방문을 꺼리는 경우가 있다 보니, 별문제가 없다고 생각하고 지나간 것이다. 그렇게 1주일이 지난 뒤 문제가 생겼다. 마침 휴일인 일요일, 냉장/냉동고가 작동이 안 되는 것이 아닌가? 아이스크림이 다 녹고 냉동과일 등도 다 녹아서 심각한 상황이었다. 여름 성수기인데 영업에 지장이 생겼을 뿐 아니라 휴일에 A/S를 올 수 있는 곳을 간신히 찾아서 A/S기사분이 오셨지만, 부품이 없어 어차피 며칠 기다려야 한다고 했다. 이런 사태가 발생하게 된 것에 대해 모두가 반성하게 되었다. 기계는 언제 고장날지 알 수 없으니 미리미리 체크하는 것이 매우 중요하다.

매장 천장에 설치되어 있는 시스템 냉난방기의 경우, 필터청소를 자주 해주는 것이 좋다. 사다리나 튼튼한 의자를 밟고 올라가서 겉뚜껑을 열면 안쪽에 먼지필터가 있다. 밖에 나가서 칫솔을 이용해서 먼지를 잘 털고 다시 끼우면 되는데, 이렇게 필터청소만 자주 해줘도 냉방과 난방의 세기가 달라지고 훨씬 시원하고 따뜻한 느낌이 들 것이다. 전기료를 절감할 수도 있어 매우 좋은 방법이다.

또한 매장에서 사용하는 정수기, 제빙기, 커피머신에 사용하는 필터는 싱크대 아래에 같이 설치되는 경우가 많다. 어느 위치에 어떤 것이 어디와 연결되어 있고 이 필터는 언제 교체해주는 것이 좋은지 주기를 체크해놓으면 미리미리 확인해서 교체할 수 있고 청결하게 믿고 마시고 먹을 수 있는 음료를 제공할 수 있다.

기기를 잘 관리하고 미리 대비하면 똑같은 설비, 부품도 수명이 길어질 뿐더러 더 안전하고 청결하게 사용하면서 매장을 운영할 수 있다. 꼭 명심하고 대비하자!

03

고객의 입맛에 맞게
에스프레소 맛을 조절하라

매장 인테리어공사가 다 끝나고 이제 초도물품을 받을 시기가 되었을 때 본사로부터 이런 질문을 받았다.

"A원두와 B원두가 있는데 어떤 것으로 보내드릴까요?"

그때 생각이 났다. 본사 직영점에 체험근무를 나갔을 때, 그 매장에는 그라인더가 2개 놓여 있고, 원두를 2종류로 제공하고 있었다.

"진한 맛, 연한 맛 중에 어떤 것으로 드릴까요?"
계산할 때마다 직원이 고객에게 물었고, 진한 맛을 원하면 A원두로 에스프레소샷을 추출하고, 연한 맛을 원하면 B원두로 샷을 추출했다. 그때 맛을 보니 고객들도 그렇고 필자도 그렇고 진한 맛을 더 많이 선호한다는 사실을 알게 되었다. 그래서 진한 맛을 내는 A원두를 받았는데 같은 원두라도 기계에 어떻게 세팅을 하고 어떤 방법으로 추출하느냐가 매우 중요했다.

에스프레소가 제대로 추출되어야 커피맛을 제대로 낼 수 있는데 보통 1샷을 추출하는 데 적당한 시간은 20~30초, 추출량은 30mL, 크레마(Crema)가 풍성하게 나와야 좋다. 처음에는 원두 1봉을 다 소진하더라도 연습을 거듭해서 최상의 맛을 낼 때까지 세팅을 하고 시간을 재고 양을 보고 맛을 보고 다시 세팅을 하고를 반복해야 한다. 수많은 커피숍 중에서 맛있는 커피집으로 소문이 나기 위해서 커피맛을 제대로 내는 것이 중요하기 때문이다.

그라인더로 원두의 굵기를 세밀하게 계속 조절하다 보면 알 수 있는데, 원두의 굵기가 굵어지면 에스프레소 추출시간은 빨라진다. 예를 들어, 13초에 1샷이 추출되었다면 최상의 시간 20초~30초로 만들기 위해 굵기를 가늘게 조절해야 하는 것이다.

포터필터(Porter Filter)에 원두를 담을 때에도 양이 중요하다. 1샷을 추출할 때 어떤 사람은 9g을 담고 어떤 사람은 11g을 담는다면 맛이 달라질 수 있기 때문에 항상 일정한 양을 담는 것이 중요하다. 요즘은 자동 그라인더를 사용하면 용량을 일정하게 세팅해서 담을 수 있기 때문에 효과적이다. 담은 원두의 양이 많아지면 추출시간이 길어지고 양이 적어지면 추출시간이 짧아져 커피맛에도 영향을 미치게 된다.

원두를 담은 다음, 템퍼(Temper)로 압력을 가할 때 어떤 자세로 어떻게 수평을 맞추느냐에 따라 에스프레소 추출시간과 크레마의 양과 두께, 커피맛이 달라질 수 있다. 커피머신에서 추출버튼을 누를 때 나오는 물의 양도 중요하기 때문에 세팅하는 방법을 배우고 직접 세팅까지 마쳤다.

이 외에도 더 많은 요소가 있을 수 있겠지만 커피학원을 다니고 본사에서 교육을 받고 실무를 하면서 느낀 바로는 그렇다. 기기 세팅을 해보면서 최상의 커피맛을 만들기 위해 노력했고 그 노력은 여기서 끝이 아니다. 계속적으로 고객의 입맛을 체크하고 요구사항을 기억했다가 에스프레소 품질을 관리하고 혹시 개선해야 할 부분은 없는지 직원들과도 의사소통을 하고 있다. 그 덕분일까? 우리 매장을 찾는 고객들은 한 번 오시면 단골이 되고 이렇게 말씀해주실 때 기분이 좋고 뿌듯하다.

"커피맛이 너무 좋아요!"
"또 올게요!"
"여기 커피맛 괜찮다!"

앞으로도 이런 칭찬이 계속 이어지고 커피맛으로 입소문이 날 수 있도록 최선을 다해 커피맛을 찾고 노력을 기울일 것이다.

원두 굵기에 따른 분쇄입자의 특성

입자 크기	굵게	중간 굵기	가늘게	미분
메시* 사이즈	10~14	16~22	24~30	30 이하
	(2~1.43mm²)	(1.25~0.9mm²)	(0.8~0.6mm²)	(0.56mm² 이하)
추출 방식	피콜레이터	드립, 커피메이커	드립, 사이폰, 에스프레소	에스프레소, 터키
맛의 특성	밋밋한 맛	레귤러한 맛	섬세한 맛	강한 맛
강조되는 맛	신맛	신맛 〉 쓴맛	쓴맛 〉 신맛	쓴맛
주된 용도	대량 추출	1~10인분	2인 내외	컵테스트 등

* 메시(mesh)는 체의 눈이나 가루 입자의 크기를 나타내는 단위를 말한다.

TIP

카페창업 시 그라인더(원두를 분쇄하는 기계)가 입고되면, 준비된 원두를 개봉해서 그라인딩을 해보며 원하는 에스프레소가 추출되도록 계속적인 테스트 필요!

1. 그라인더 전원 OFF

그라인더 전원을 OFF하여 기존에 분쇄되어 있는 원두를 모두 빼낸다.

2. 현재 눈금 확인

원두 분쇄 굵기를 조절하기 위해서 먼저 현재 눈금 위치를 확인한다.

3. 눈금 조절

그라인더 뒤쪽의 손잡이를 왼손으로 눌러준 다음, 오른손으로 눈금을 시계방향, 또는 시계 반대방향으로 돌려준다.

4. 원두분쇄

전원을 ON으로 작동해서 티스푼에 받을 정도만 분쇄하고 스위치를 바로 OFF한 다음 입자를 확인한다.

5. 빈 컵 무게 계량

분쇄된 원두를 계량하기 전, 전자저울에 빈 컵의 무게를 먼저 잰다.

6. 원두무게 계량

머신과 포터필터, 원두품종에 따라 원두의 양이 다를 수 있다. 빈 컵의 무게를 더한 원두를 담는다.(우리 매장 투샷 기준 18g)

7. 포터필터에 담은 후 탬핑

계량한 커피를 포터필터에 담고 탬핑한다. 탬핑 시에는 포터필터를 깨끗한 곳에 올려놓고 수평을 맞추어 적당한 압력으로 한다.

8. 에스프레소 추출

탬핑한 커피를 머신의 그룹헤드에 장착하여 추출한다. 적당한 추출시간은 20~30초. 양은 25~30mL, 크레마 양은 에스프레소의 10%

9. 추출한 에스프레소 확인

추출한 에스프레소의 시간, 양, 크레마 양을 확인하고 맛을 본 뒤, 지속적인 입자조절로 원하는 이상적인 맛의 에스프레소를 추출한다.

04

멀티 점포로
경영효율을 높여라

새로운 장소에서 새로운 사람들을 만나 전국을 무대로 강의를 할 때, 미리 장소에 도착해서 해야 하는 일이 있다. 바로 노트북과 빔프로젝터, 스피커, 마이크 등 기자재를 세팅하고 준비하는 작업이다. 강의를 원활하게 잘 진행하기 위해서 기자재 점검은 매우 중요하고 제대로 된 세팅은 필수다. 이때 만약 꽂을 수 있는 전기콘센트가 하나밖에 없고, 또 너무 멀리 떨어져 있어서 선이 닿지 않는다면? 주변에 도움을 요청해야 한다. '멀티탭(Multi-Tap)'이 필요하다고 말이다. 멀티탭은 여러 개의 기자재를 동시에 편리하게 사용할 수 있도록 플러그를 다중으로 꽂을 수 있고 멀리 떨어진 고정된 콘센트와도 연결해주는 역할을 톡톡히 하기 때문이다.

멀티(Multi)는 '한 개 이상의', '다중의' 의미가 있는 접두어다. 멀티미디어, 멀티플레이어, 멀티스크린 등 '멀티'가 들어가면 여러 가지를 동시에 수행함으로써 훌륭한 미디어로, 플레이어로, 스크린으로 사용자에게 그리고 상대방으로 하여금 편리함, 만족감을 높여주는 역할을 한다.

점포도 마찬가지다. 한 개의 점포를 운영하기 위해서는 많은 시간과 노력, 인력 등 비용이 발생한다. 그런데 여러 개의 점포를 운영하게 되면 서로 연결고리가 되어 보완되면서 생기는 시너지가 상당하다.

첫 매장을 운영하면서 쌓인 노하우와 경험이 두 번째 세 번째 매장을 오픈할 때에는 더욱 체계적으로 오픈하고 운영하면서도 힘은 덜 들고 능률은 올라가고 성과는 더 좋다. 세 번째 매장을 오픈할 때에는 오히려 본사에서도 지역담당 슈퍼바이저도 믿고 맡길 수 있는 점주가 되었음은 물론이요, 알아서 척척 해내고 아이디어도 추가해서 작은 디테일까지도 챙기는 여유도 생겼다.

이처럼 여러 개의 매장을 운영하는 멀티 매장이 되고 보니 장점이 참 많은 것 같다. 이것은 운영을 하면서도 계속 느끼는 부분이다. 그래서일까? 요즘 창업시장에서는 여러 개의 점포를 운영하는 '멀티 가맹점주'를 일컫는 '메가 프랜차이지(Mega-Franchisee)'가 뜨고 있다.

미국이나 일본에서는 다점포를 운영하는 가맹점주의 사례가 많고, 국내에서도 점차 늘고 있는 추세다. 하나의 매장을 운영할 때에는 프랜차이즈 '가맹점주'에 머물렀다면, 여러 개의 매장을 운영하면 '기업가' 못지않은 경영마인드와 전략으로 무장해서 매장들이 서로 유기적으로 상호보완을 하고 탄력적으로 운영될 수 있도록 발전하게 된다.

재료를 한꺼번에 대량으로 구매해서 할인도 받고, 구매시간을 단축하게 되며, 적재적소에 필요한 매장으로 보내주게 되므로 효과적이다. 특히 유통기한이 짧고 신선도가 중요한 음식업에서 재료관리와 재고관리, 잘 나가는 재료와 그렇지 않은 재료들을 미리 파악해 대비할 수 있고 아깝게 폐기되는 물량도 줄일 수 있다.

오가닉(Organic, 유기농) 티 종류는 유통기한은 길지만, 재료를 한 번 구매하면 오래 사용하는 품목이다. 그래서 2호점, 3호점을 오픈할 때 1호점에 있는 재료를 나눠서 함께 사용할 수 있다. 베이커리, 우유, 블루베리, 딸기, 생크림 등 냉장·냉동보관을 하는 신선제품, 테이크아웃용 포장용기인 종이캐리어와 일회용품의 경우에도 필요할 때 다른 매장에 짧은 시간에 바로 제공해줄 수 있는 장점이 있다.

하나의 매장을 운영할 때에는 본사에 사정을 이야기해서 부탁을 하거나 주변 매장에 빌리러 가기도 하고, 정말 급하거나 사정이 여의치 않을 경우에는 파주에 있는 본사의 물류센터를 방문해서 직접 구매해 온 적도 많았다. 여름에 아이스음료가 많이 나가는 줄 알고는 있었지만 준비한 일회용 컵이 턱없이 부족해서 요거트파우더 등 많이 쓰는 식재료를 미리 체크하고 발주하지 않아서 말이다.

또 평소에 잘 판매가 안 되다가도 갑자기 필요해질 때가 있다.

모든 매장이 그런 것이 아니라 한 매장에서만 특히 필요하게 될 경우에는 예측하기도 어렵다. 그래서 상황에 맞게 재료를 필요한 매장으로 보내줄 수 있어서 좋다.

신메뉴가 출시되었을 때, 또는 매장 분위기를 전환하기 위해 포스터를 새로 비치하는 등 개선을 할 때에도 동시에 할 수 있어 수월하다. 신메뉴 레시피, 포스터, 재료와 필요한 도구를 한꺼번에 준비할 수 있다.

직원관리에서도 좋다. 잘하는 직원이 있는 매장으로 교육을 보낼 수도 있고 잘하는 직원은 새로운 매장을 오픈하면 매니저로 승격하고 권한을 위임해서 한 매장을 잘 운영할 수 있도록 역량을 강화하게 된다. 그러한 사례와 노하우는 다른 직원들에게도 동기부여가 되고 서로 발전하는 원동력이 된다. 또한 스케줄을 작성할 때에도 근접한 매장끼리 교차근무를 할 수 있도록 할 수 있고 직원 수가 많아지면서 급한 일이 생겼을 때 서로 스케줄을 조정하거나 보완하는 부분이 용이하다.

매장이 늘어나면서 직원들도 알아서 척척 매장의 전문가가 되어가고 서로 다른 매장에서 일하는 직원들끼리 소통하며 매장을 더 많이 이해하고 내 매장처럼 이끌어주고 있다.

프랜차이즈카페라는 공통분모를 가지고 여러 개의 매장을 동시에 운영하다 보니 내부적으로도 그렇고 외부적으로도 매장의 특색, 고객의 성향에 맞게 발 빠르게 대응하고 운영할 수 있는 장점이 많다. 필자는 앞으로도 이러한 장점을 토대로 멀티 점포를 늘려갈 것이고 더 많은 시너지를 창출하도록 리드할 것이다.

헤어진 사람하고도 그때 좋았을 당시에는
가슴에 프림처럼 감미로운 이야기를 풀어 저으며
따뜻한 눈빛 아래 한 잔의 커피가 있었다

추억은 이제 벽에 걸린 찻잔 모양 물기가 마르고
오이씨처럼 풋풋한 눈물로 슬픔도 푸르게 자라던 그 시절을
혼자 빠져나와 또 한 잔의 커피 앞에 앉는다

갔다, 내가 붙들지 못한 사랑의 발목
냉커피처럼 내 가슴을 식혀 놓고 흘러간 그 사람
우리 사이에 남은 쓴맛을 낮추기 위해
나는 처음으로 설탕을 듬뿍 떠 넣는다

이제 그의 이름만 떠올려도 옛 시간은 블랙커피처럼 쓰다
오래전 턱을 괴고 앉아 그를 기다릴 때
나는 무슨 느낌으로 커피에게 내 입을 빼앗겼을까

돌려받을 수 없는 시간을 그 사람은 갖고 떠났다
그와 나눈 한 잔의 커피가 이 세상의 가장 진한 이야기가 되어
지금 내 가슴을 휘휘 저어대고 있다

함부로 커피를 마실 일이 아니다 보낼 사람이라면
갈색 이마와 그윽한 눈빛을 한 잔씩 마시면서
사랑이 얼마나 슬픈 약속인가를 그때는 왜 몰랐을까

사람과 사람 사이를 뜨겁게 물들이던
슬픈 커피 앞에서 나는 그 사람이 비운 자리를
혼자 지키고 있다 아마도 그를 잊지 못하는 모양이다

– 〈슬픈 커피〉 전문
　〈임찬일 시집 《알고 말고, 네 얼굴》 중에서〉

"
상황에 맞게 트렌드를

따라가는 것도 중요하지만,

꼭 필요한지 대안은 없는지
열 번 이상 생각하고 행동하자.

그렇게 스스로 확신을 가지고 노력하면

시간과 비용을 아끼고

원하는 결과도 얻을 수 있을 것이다.

"

Part **09**

매출,
남기려고 장사한다는 걸
뼛속 깊이 새겨라

오토매장이라도
방관은 절대 금물

카페창업의 가장 큰 장점은 다른 업종에 비해 운영이 간편하다는 점이다. 그래서 오토(Auto)매장으로 운영하는 사례가 많다. 사장이 꼭 매장에 없어도 직원들만으로도 충분히 운영이 가능하기 때문에 본업을 두고 투잡(Two Job)으로 카페를 하거나 자유롭게 시간을 운용하고 싶은 사람들에게 인기다.

필자의 경우도 본업이 있기에 '이제 오픈만 하면 된다'며 오픈 D-Day를 고대했다. 그런데 막상 오픈을 하고 보니 아무리 오토매장이라도 신경 쓸 부분이 한두 가지가 아니라는 것을 알게 되었다.

예컨대 CCTV와 POS시스템이 모바일앱으로 실시간으로 확인이 가능하다 하더라도 현장에서 직접 눈으로 체감하고 느끼는 것과는 확연이 다르다는 것이다. 카운터와 매장 내부를 훤히 들여다볼 수 있도록 CCTV가 설치되어 있는데 모바일로 보는 데에는 한계가 많음을 느낀다. 일단 작은 화면으로 매장 구석구석을 살피기가 어렵고 화면을 확대해서 보는 데에도 한계가 있고 사각지대 또한 존재한다.

오픈, 마감 체크리스트가 있지만 그것을 제대로 잘 수행하며 매장을 운영하고 있는지 샅샅이 알기 어렵다. 제대로 하는 사람도 있고 그렇지 않은 사람도 존재한다. 그런데 이것을 체크하지 않고 그냥 내버려 두면 잘하던 사람도 그 영향을 받아 점점 소홀해지거나 안 좋은 방향으로 바뀔 수 있다. 이렇게 되면 매장은 점점 관리가 허술해지고 지저분해지고 엉망이 되는 것이다.

아무리 오토매장이어도 비(非)정기적으로 수시로 현장을 가야 한다. 현장에서 냄새도 맡아보고 혹시 불쾌한 냄새가 나지는 않는지, 입구부터 시작해서 불편함은 없는지 걸어보고 눈으로 구석구석을 살피고 체크해야 한다. 현장에 가서 직접 보고 느끼는 것만큼 확실한 팩트(Fact, 사실)는 없는 것 같다. 그리고 고객의 반응도 살피고 개선해야 할 부분이 있다면 원인을 찾아 해결해야 한다.

오픈시간 8시 이전에 매장에 들렀는데 전날 직원이 에어컨을 켜놓고 퇴근한 것이다. 그뿐만 아니라 냉동실 문을 활짝 열어놓고 간 적도 있고 마감을 제대로 안 해놓고 간 적도 있다. 갑자기 다음 날 무단결근을 하는 사람도 있다. 여름에 너무 바쁘다 보니 힘들다며 점심 먹고 복귀하지 않은 직원도 있고 현금결제액을 매출등록을 하지 않고 누락시킨 경우도 있다.

오토매장으로 카페를 오픈하면 파라다이스가 펼쳐질 것이라고 믿는가? 처음부터 내 맘대로 내 뜻대로 되지 않는 일들이 부지기수다. 처음에는 '내가 왜 카페를 해서 이 고생을 할까?' 하는 생각이 들어서 밤새 운 적도 있다. 하지만 이제는 많이 내려놓으려고 노력한다. 오픈하고 잘 운영된다고 그리고 **오토매장이라고 편할 것이라는 환상을 버려야 한다.** A부터 Z까지 내 매장 구석구석을 매일매일 다 살피긴 어렵겠지만 지속적인 관심으로 현장에 가서 직접 체크하고 확인하고 개선해 나가려는 노력이 중요하다. 명심하라! 월세를 받는 건물주가 아닌 이상 장사는 '오토'라고 해서 자동으로 나에게 수익을 가져다주지 않음을.

02

꼭 필요한지 대안은 없는지
열 번은 생각한다

1호점이 있는 건물은 지은 지 오래되었다. 인테리어 공사가 다 끝나고 오픈 준비를 하는데 그때부터 눈에 띈 부분이 바로 입구였다. 정화조가 하필 이곳에 있다 보니 움푹 파인 부분이 생길 수밖에 없었고 이 부분을 따로 보수하기도 애매한 시기였다. 그렇게 매장을 오픈하고 보니 가끔 발을 헛디디는 경우가 발생했다.

아니나 다를까. 매일 찾는 고객이 들어오다가 발을 삐끗하셨다. 죄송하다고 말씀을 드리고 직접 자리로 음료를 갖다드리면서 고민에 빠졌다. 일단 입구에 깔린 카펫을 들어내고 움푹 파인 부위를 어떻게 매끈하게 할 수 있을지 생각했다. 그렇게 가게 주변을 서성이면서 업체를 불러서 시공을 해야 하나, 비용은 얼마나 들까를 생각하며 여기저기 문의를 하고 견적을 내고 있었다. 그때 갑자기 눈에 띈 건 버려진 네모반듯한 고무판이었다. 눈에 잘 안 띄는 풀 속에 있었는데 그게 보인 것이다. 얼른 가져와서 입구에 놓아보니 사이즈가 딱이었다. 그때의 쾌감은 이루 말할 수 없었다!

카페를 창업할 때 아무리 소자본 창업이라 해도 들어가는 비용이 만만치 않다. 그런데 필요하다고 다 구입하게 되면 지출이 커지게 된다. 돈을 벌기 위해서 투자하는 것도 중요하지만 대체할 방법이 없는지 최소 열 번은 생각하고 지출해야 한다.

2호점을 오픈할 때에는 1호점을 오픈할 때와 달리 많은 변수가 발생했는데 그중의 하나가 시스템 냉난방기 배관에 대한 문제였다. 프랜차이즈 본사와 연결된 냉난방기 업체 사장님께서는 배관을 매장 앞쪽으로 하는 것이 훨씬 비용이 절감된다고 귀띔을 해주셨는데 건물 관리사무소에서는 무조건 안 된다는 것이다. 건물이 크기 때문에 허락을 받고 진행해야 하는데 절대 안 된다고 단호하게 말씀하셨다. 배관을 건물 뒤쪽으로 연결하라는 것이다. 그렇게 되면 비용이 70만 원이 올라가고 굳이 쉬운 길을 돌아서 가는 격이 된다.

처음에는 그냥 비용 70만 원 더 내고 할까 싶기도 했지만, 이렇게 바로 포기하기엔 이르다는 생각이 들었다. 소장님과 대화로 풀어보려고 관리사무소로 내려갔는데 소용이 없었다. 다시 올라와서 또 포기할까 하다가 그래도 분명 방법이 있을 수 있다는 생각으로 건물 주변을 계속 관찰하면서 거닐기 시작했다. 1층부터 8층까지 올려다보기도 하고 직접 계단으로 엘리베이터로 올라가보기도 하고 밖을 거닐다가 무언가를 발견했다. 배관을 건물 뒤쪽으로 연결하지 않고 건물 앞쪽으로 연결한 점포를 발견한 것이다.

'바로 이거다!' 다시 관리사무소로 내려가서 설득하기 시작했다. 건물 어느 점포가 배관이 앞쪽에 있으니 우리도 허락해달라는 식으로 말이다. 아까와는 조금 누그러진 말투였지만 여전히 안 된다는 입장. 그래도 포기하지 않고 계속 서 있었다. 그렇게 30분이 흘렀을까…. 소장님께서 "나 참…. 올라가 봅시다!" 그렇게 함께 올라간 소장님은 이미 절반은 허락하신 모습이셨다. 우리는 허락을 받았고 아깝게 지출될 수 있었던 비용을 절약할 수 있었다.

오픈하고 나서 시원한 아이스아메리카노도 갖다드리고 지금은 우리 매장을 항상 걱정하고 도와주시는 우리 편이 되었다. 2호점에 어쩌다가 들르게 되면 얼마나 반갑게 인사해주시는지 감사할 따름이다.

지금 필자가 하고 있는 프랜차이즈카페는 커피뿐 아니라 스무디, 프라페, 에이드 등 음료도 판매하고 있다. 그러나 '생과일주스'는 하고 있지 않다. 직영점과 가맹점 중에 냉동과일을 이용해 하고 있는 곳도 있고, '진짜 생과일'을 구비해서 생과일주스를 제공하는 매장도 많은 편이고, 고객들도 찾을 때가 많아서 우리도 해야지 쉽게 생각을 했는데, 막상 하려고 하니 고민해야 할 부분이 많았다. 첫째는 맛

좋은 제철 과일을 제때 제대로 제공할 수 있을까 하는 이유였고, 둘째는 오토매장이기 때문에 직원들이 과일의 신선도를 잘 유지하고 재고관리를 철저히 해서 제대로 된 맛좋은 생과일주스를 제공할 수 있을까 하는 문제였다. 그래서 고민 끝에 결론을 내렸다. 우리 매장은 '생과일주스'는 하지 말고 냉동과일을 이용한 메뉴를 판매하기로 말이다. 고객에게 생과일주스는 아니라는 점을 당당하게 이야기하고 있고, 그래서 더 정직하게 더 맛있게 제공하기 위해 노력하고 있다. 4개월 전부터 우리 매장 1호점, 2호점, 3호점 인근에 요즘 매우 핫한 생과일주스 프랜차이즈매장이 생겼는데 오히려 생과일주스를 안 해서일까, 다행히 매출에 큰 영향 없이 순항 중이다.

상황에 맞게 트렌드를 따라가는 것도 중요하지만, 꼭 필요한지 대안은 없는지 열 번 이상 생각하고 행동하자. 그렇게 스스로 확신을 가지고 노력하면 시간과 비용을 아끼고 원하는 결과도 얻을 수 있을 것이다.

03

세무신고까지
혼자 다 하려고 하지 마라

회사에 다니면 1년에 한 번 연말정산을 하게 된다. 이때 필요한 서류를 인사팀에서 알려주면서 언제까지 내라고 기한을 정해준다. 기한 안에 서류를 제출하면 회사에서 알아서 척척 모든 직원의 연말정산을 입력하고 마감까지 해준다. 그렇게 내가 낸 세금을 돌려받는 사람도 있고 더 내야 하는 사람도 생긴다.

회사를 나왔을 때 제일 힘든 부분이 바로 이러한 세무적인 부분이다. 이제는 연말정산이 아닌 매년 5월 종합소득세 신고를 해야 하고, 사업자가 있다면 1년에 두 번, 1월과 7월에 부가세신고를 해야 한다. 이것은 의무이고 제때 하지 못하면 가산세가 눈덩이처럼 불어나게 된다.

그래서 부랴부랴 통지서를 받고 세무서로 달려가서 도움을 요청하는 사람도 있지만, 세무서에서 해주는 데에는 대기시간도 길고 세세하게 제대로 도움을 받을 수도 있지만 그렇지 못할 수도 있다. 그래서 사업자가 있는 대표는 정기적으로 수임료를 부담하면서 세무사 사무실에 수임의뢰를 하게 되는 경우가 많다. 특히, 매출이 높고 규모가 크다면 더욱 그렇다.

카페를 창업하고 보니, 매장운영뿐 아니라 신경 쓸 부분도 많은데 세무신고까지 하려니 앞이 깜깜했다. 이때 도움을 얻은 곳이 바로 프랜차이즈 본사다. 프랜차이즈 본사에서는 직영점 20곳을 운영하고 있는데 본사와 하고 있는 세무사 사무실을 소개해주었다. 아무래도 카페 업종, 특히 내가 하고 있는 브랜드를 그동안 도맡아 했기 때문에 상황도 잘 알고 세무신고에 대한 노하우가 있을 것 같아 신뢰감이 들었다.

그래서 우리는 1년에 총 세 번의 세무신고를 세무사 사무실에 수임료를 주고 의뢰하고 있다. 1개 매장만 해도 구비해야 할 서류들이 많은데, 3개 매장의 서류를 준비하려면 머리가 아프다. 그래서 컴퓨터에 부가세, 종합소득세 폴더를 만들어서 필요한 서류들을 순차대로 작성하고 정리해서 세무사 사무실로 보낸다.

세무사 사무실에서는 내가 보낸 서류를 토대로 국세청에 신고서류를 작성하기 때문에 내가 공인인증서로 국세청 홈페이지에 로그인해서 '수임동의'에 체크를 하면 내 할 일은 끝이다. 이제 신고가 완료되었다는 신고서를 받으면 된다. 그리고 세금이 나오면 기한 내에 입금을 하고, 환급되는 금액이 있으면 확인하면 되는 것이다.

처음엔 사실 혼자 다 하려는 욕심도 있었다. '세금도 많이 낼 텐데 수임료까지'라는 생각이 들었기 때문이다. 하지만 앞으로 매장을 몇 개 더 열지 모르는데 하나부터 열까지 전부 다 전문가처럼 잘하긴 어렵고, 시간 대비 효율을 생각해야 한다. 잘 모르는 내가 세무신고를 하려면 시간을 투자해서 신고서를 작성해야 하고 제대로 된 신고를 하기 위해서 또 공부를 해야 한다. 물론 배워두는 것이 좋은 점도 있겠지만 세무에 대한 비전문가보다는 전문가가 더 빠르고 정확하게 센스 있게 일 처리를 하지 않겠는가.

여러 매장을 동시에 의뢰하면 장점이 많다. 세무사 사무실마다 요구하는 서류에 대해서도 통일성이 생기기 때문에 한번에 준비함으로써 시간을 단축할 수 있고, 세무에 관해서 궁금한 점도 좀 더 정성껏 상담해서 도움을 받을 수 있다. 비용적으로도 협의해서 약간 할인을 받을 수 있다.

세무알림문자도 전송해준다. 국세청에서는 우편물로 세무신고에 대한 알림을 하지만, 세무사 사무실은 세무신고 기간이 되기 전에 미리 알림문자도 전송해주고 연락을 하므로 매장운영에 바쁜 와중에도 늦지 않게 제때 신고를 마무리할 수 있어서 좋다.

자영업을 하는 사람에게 세무신고는 매우 중요하다. 그래서 다음에 신고할 때, 서류를 준비할 때 시행착오를 줄이기 위해 내 컴퓨터에 세무신고 폴더를 만들어서 정리해놓았다. 세무사 사무실에 보낸 서류들, 세무사 사무실에서 신고를 완료한 확정자료들, 서류 준비를 위해 접속해야 할 홈페이지주소, 로그인 아이디, 비밀번호 등 잊어버리거나 혼동이 될 수 있는 부분들을 따로 정리해두었다. 세무신고를 직접 다 하지는 않지만, 전적으로 세무사 사무실에 의지하기보다는 파트너의 개념으로 더욱 꼼꼼한 세무신고가 될 수 있도록 노력해야 한다.

04

눈앞의 매출보다 순이익을 따지는
매의 눈을 가져라

점심에 식사를 하고 커피를 마시러 A카페에 들어갔다. 테이블에 손님이 꽉 차서 앉을 자리가 없고, 심지어 줄을 서서 기다리고 있다. A카페는 잘되는 곳일까? 정답은 그럴 수도 있고, 그렇지 않을 수도 있다. 왜냐하면 점심에만 손님이 몰리고 그 외의 시간에는 손님이 없다면 하루 매출은 높지 않을 수도 있기 때문이다. 이번에는 B카페를 갔는데 한산하다. 이 카페는 잘 안 되는 곳일까? 마찬가지로 그 시간대가 하필 안 바쁜 시간일 수 있다.

창업을 할 때 매출은 매우 중요하다. 그래서 관심 있는 업종이 생기면 매장에 직접 가서 먹어보기도 하고 시장조사를 하는 사람도 많다. 하지만 어느 시간대에 가느냐에 따라 잘되는 곳으로 보일 수도 있고 그렇지 않을 수도 있다. 그렇다고 하루 종일 시간을 내서 그 매장의 손님을 일일이 세어보고 하기도 어렵다.

장사가 잘되는 곳인지 확인할 때 필자가 제시하는 방법은 간단하다. 매장의 마감시간을 체크해두었다가 직전에 가서 계산을 하거나 손님이 계산하고 버린 영수증을 살펴보면 된다. 대부분 매장이 영수증이 발급된 번호가 나온다. 내가 100번째 고객이라면 'POS.1-100' 이런 식으로 계산한 POS결제시스템 넘버 옆에 순번이 찍히는 것이다. 일 매출은 이렇게 계산할 수 있다. '일매출 = 객단가×100(순번).' 객단가는 한 번 계산할 때 평균적으로 결제하는 금액인데, 카페마다 커피나 음료의 단가가 다르기 때문에 내가 들른 매장의 평균단가를 생각해보고 곱해주면 된다.

이렇게 데이터로 계산을 해보면, 어렴풋이 잘된다고 생각한 것과는 다른 경우가 많다. 매출이 생각했던 것보다 높다고 놀랄 수도 있고, 적다고 느끼기도 하는 것이다. 그런데 매출만 알면 끝일까? 사람들은 누군가 사업을 하거나 장사를 하면 매출을 가장 궁금해한다. 그래서 "장사 잘돼? 사업은 잘돼요?"라고 묻는데 더 중요한건 매출보다 순이익이다.

예를 들어 똑같이 일 매출이 100만 원인 A커피숍과 B커피숍. 이렇게 한 달 영업을 하면 월 매출이 3,000만 원이다. 하지만 우리는 안정적으로 장사를 해야 한다. 일 년 평균을 따져봐야 한다. 카페는 여름이 성수기이기 때문에 여름에는 월 매출 3,000만 원인데,

겨울에는 비수기이기 때문에 매출에서 보통 30% 정도 감소한다. 그보다 더 많은 폭으로 감소하는 곳도 있다. 어쨌든 그렇기 때문에 일 년 평균 월 매출을 계산해서 월 고정비용을 디테일하게 계산해 보는 것이다.

연평균 월 매출(2,550만 원)=〔성수기(월 3,000만 원)+비수기(2,100만 원)〕/2

자, 이제 고정비용을 계산해보자. 고정비용에는 월 임대료(부가세 포함), 관리비(전기+수도 등), 인건비, 재료비가 있다. 임대료는 유동인구가 많고 역세권, 버스정류장, 오피스 밀집지역 등 상권이 잘 형성되어 있다면 높은 비용으로 책정되어 있다. 관리비는 건물이 크고 사용하는 매장의 면적이 넓을수록 높게 나온다. 인건비는 근무하는 직원의 수에 따라 근무시간에 따라 매장에 따라 다르지만 우리 매장의 경우 3개 매장의 인건비는 거의 비슷하다.

재료비는 매출에 따라 달라지게 되는데 구입하는 원가다. 이 원가의 비율은 내가 선택한 카페 프랜차이즈마다 달라질 수 있고, 업종에 따라 다르다. 예를 들면 피자는 원가 비율이 매출의 40~45%를 차지하는 경우가 많다. 내가 하고 있는 카페의 경우에는 본사에서는 30%를 이야기했지만 실제 운영을 해보니 원가가 매출의 35%를 차지하고 있다.

이렇게 매장의 연평균 매출에 고정비를 제하고 또 여기에 카드

수수료, 감가상각비 등을 고려하면 수익은 생각한 것보다 훨씬 적어질 수 있다. 당장 회사를 그만두고 편하게 많은 돈을 벌고 싶어서 카페를 시작한다면 실망할 수도 있다. 그래서 내가 생각하는 업종과 카페를 개인으로 할지 프랜차이즈로 할지 정했다면 구체적으로 매출과 순이익에 대해 시뮬레이션해보길 바란다. 비슷한 상권의 비슷한 매장에 가서 예상매출도 계산해보고, 일하는 직원은 몇 명인지, 테이블마다 어떤 메뉴를 많이 찾고 즐기고 있는지, 테이블은 4인 테이블, 2인 테이블이 몇 개가 있고 평수는 얼마나 되는지도 체크해보는 것이다. 그리고 그 상권의 평균 시세를 알면 임대료도 가늠할 수 있다.

본사의 말만 듣지 말고, 한 군데 매장만 가보지 말고, 여러 매장을 많이 다녀보고 비슷한 업종에도 관심을 가지고 보라. 당장의 눈앞에 보이는 모습에 혹하지 말고, 세세하게 꼼꼼하게 다방면으로 매출과 순이익을 따져보는 습관을 들이자.

커피에 관해 아름다운 글들을 많이 썼던
팔레스타인 출신의 시인 마흐무드 다르위츠는
망각을 위한 기록의 첫 부분에서 다음과 같이 말하고 있다.

"'커피의 맛'이라고 부를 수 있는 것은
이 세상에 존재하지 않는다.
이것은 단지 하나의 개념일 뿐이며,
물질의 단계를 넘어선 어떤 것이다.
사람들은 각자 커피에 대한 취향이 있다.
나는 나에게 권하는 커피에 따라
그 사람이 어떤 사람인지를 어느 정도 평가할 수 있고,
그 사람의 내적인 고상함을 예측할 수 있다."

이처럼 커피는 상대방을 파악하는 언어가 될 수 있다.

– 창해ABC북 《커피》 중에서

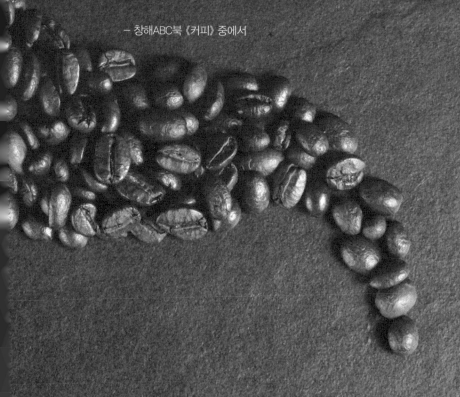

"
인생에서 가장 위험한 때는

스스로 무언가를 이루었다고 생각할 때인 듯하다.

그렇게 마음먹는 순간, 자만과 방심이 생긴다.

이럴 때일수록 더욱 필요한 것이
초심이다.

세상에 공짜는 없으며

계속 노력하고 준비하는 사람에게

더욱 달콤한 열매가 맺는다는 사실을 잊지 말자.

"

Part **10**

비전,
커피를 넘어 위대한 일을
한다는 마음으로

매장이 작다고
꿈 크기까지 작을 수 없다

길을 걷다 보면 좋은 상권에 자리 잡은 크고 높은 빌딩들, 그리고 그 안에 크고 넓고 세련된 디자인의 카페들이 눈에 띈다. 공간도 넓고 쾌적하고 내부 화장실과 잘 갖추어진 단체석과 편의시설 등이 어우러져 편안하고 계속 이용하고 싶게끔 만든다.

'나도 저런 카페를 하고 싶다.'

마음속으로 되뇌어 보지만, 처음 창업을 하는 사람에겐 여러 가지 부담이 된다. 좋은 상권에 자리 잡은 좋은 시설의 넓은 매장은 아무래도 초기 자본이 많이 들 수밖에 없기 때문이다. '조물주 위에 건물주'라는 말처럼 내 건물이 아니고서야 부담이 이만저만이 아니다.

'그래도 이왕 창업하는 거 크게 해야 폼이 나지 않겠는가?'
'작게 한다고 하면 괜히 초라해 보이는 거 아니야?'

정작 중요한 내실보다 외실을 따지고 있는 내 모습을 발견하게 된다. 이렇게 갈팡질팡 이 생각 저 생각을 하며 시간은 계속 흘러가고 아무것도 시작조차 할 수 없게 된다. 내가 생각하는 완벽한 창업을 처음부터 제대로 시작할 수 있는 사람은 몇이나 될까?

누구나 나는 실패하지 않을 것이라고 생각하지만, 그건 모르는 일이다. 아무리 잘나가는 프랜차이즈라 할지라도 모든 가맹점이 다 예상한 대로 매출이 나오고 잘되는 것은 아니며, 내가 잘 아는 분야이고 잘해도 주변 여건과 상황과 트렌드에 따라 잘 안 될 수도 있다.

최악의 상황까지 떠올려보고 그러한 상황에서도 버틸 수 있고, 이겨낼 수 있으려면 일단 초조함을 내려놓고 편안하게 운영할 수 있는 여건이 중요하다. 그래서 우리는 처음부터 거창한 겉모습보다는 일단 작게 시작하기로 했다. 그래야 리스크(Risk, 위험성)를 줄일 수 있고 운영하는 사람도 지치지 않고 즐겁게 미래를 상상하고 꿈꿀 수 있기 때문이다. 소자본으로 작게 카페를 시작했지만, 우리의 꿈은 여기서 끝이 아니다. 매장이 작다고 우리의 꿈도 작아진 것은 결코 아니다.

'코이의 법칙'이라는 것이 있다. '코이'는 일본에서 집에서 기르는 관상어를 일컫는데, 이 물고기를 작은 어항에 넣어두면 5~8cm가 되고, 큰 수족관이나 연못에 넣어두면 15~25cm로 몸집이 커진다. 그리고 강물에 방치하면 무려 90~120cm까지 성장하게 된다. 똑같은 작은 물고기를 어떤 환경에 놓느냐에 따라 성장속도가 달라지는 것이다.

우리 카페의 규모는 크지 않지만, 우리의 꿈은 계속 커지고 있다. 매일 일을 마치고 늦은 저녁이 되면 나와 남편은 우리의 미래에 대해 꿈을 계속 키운다. 이러한 비전에 대해 이야기를 나누다 보면 시간 가는 줄 모를 때가 많다.

작은 공간이라도 운영하는 사람이 어떤 마인드와 비전을 갖고 있느냐에 따라 그 공간은 무한한 가능성과 잠재력을 가질 수 있다. 꿈의 크기를 한정 짓지 말고 꿈의 크기에 따라 같은 카페라도 경쟁력을 가질 수 있고 더 크게 성장할 수 있다고 확신하기 바란다.

02

초심을 기억하고
본질까지 고민하라

연애할 때 처음 느꼈던 설렘을 기억하는가? 그동안 꿈꾸고 원했던 이상형을 만났다면?

상상만으로도 가슴이 떨리고 얼굴에 미소가 번지고 그동안 갈망했던 꿈이 현실로 이루어진다면 감격과 뿌듯함이 온몸에 퍼질 것이다. 내가 원하고 꿈꾸던 사랑, 일, 목표! 그리고 그러한 일을 시작하기 전, 처음 시작한 날을 잊을 수 없다. 이전에 해보지 않았다는 두려움과 긴장감도 있을 수 있겠지만, '새로움'과 '신선함', '성취감'은 가슴이 '두근두근' 설레게 만든다.

초심(初心)은 '첫 마음, 처음에 먹은 마음, 처음으로 깨달음을 구하려고 한 마음'을 뜻한다.

그렇지만 이 초심은 아무래도 시간이 갈수록 바래는 경우가 많다. 첫 직장에 입사하고 나서 불과 몇 주, 몇 개월만 지나도 긴장감이 사라지고, 좋은 부분만 보이고 의욕도 앞서고 열정적이었던 처음의 모습과 달리 안 좋은 부분부터 먼저 보고 생각하게 되고 주변 탓, 주변 사람들과의 갈등 등 점점 힘든 일상으로 치달을 수도 있다.

처음 카페를 오픈할 때, 설레서 잠을 제대로 이루지 못했다. '정말 내 카페가 생긴단 말인가?' 몇 번을 되뇌어보고 선잠을 자면서도 가슴이 두근두근해서 멈출 수가 없었다. 아침 8시 오픈인데 6시만 되어도 집 밖을 나서고 미리 가서 청소도 하고, 카페에 어떤 부분을 신경 써야 할지 구석구석 관심을 가지고 애정을 쏟는다. 하루라도 카페를 가지 않으면 뭔가 허전하고 불안하고 신경이 항상 카페에 쏠려 있을 뿐만 아니라 과도한 애정증세까지 보일 때도 있다.

이렇게 1주, 2주, 한 달, 두 달이 지나자 서서히 자리 잡아가고 있는 카페의 모습이 대견하기도 하면서 점점 내 마음도 몸도 쉬고 싶다고 이제 그만 신경을 써도 된다고 스스로 타협하면서 아침 일찍 매장을 나가는 날도 적어진다. 재료가 갑자기 다 떨어지면 큰일이 난 것처럼 대응했다면 이제는 '어쩔 수 없지. 재료가 없는데…. 오늘은 됐고 내일 준비하면 되지.' 이렇게 미리 포기하는 증세까지 나타난다.

처음에는 반짝반짝 깔끔하게 청소를 했는데 이젠 '귀차니즘'노발동한다. 오늘은 '바닥을 쓸지 말고, 유리창 청소도 하루 안 한다고 티가 나겠어? 지금도 충분히 깔끔해 보이는데 이 정도면 됐겠지?' 꼼꼼하게 부지런하게 움직이는 것도 귀찮아진다. 심지어 일을 하면서도 급하면 믹서볼(플라스틱 재질)은 안 깨지니까 설거지통에 던지거나 고객응대에서도 이제 알아서 고객이 찾아오시니까 인사도 귀찮다는 식으로 인상을 쓰기도 하고 말투도 거칠어진다.

처음에 매우 친절하게 잘했던 매니저는 서서히 내가 매장에 관심을 덜 쏟고 자주 매장에 가지 않으니 이런 모습으로 바뀌어가고 있었다. 힘들고 지치는 일상에 매니저도 나도 초심을 잃은 것이다. 그런데 이 느낌은 고객도 느낀다는 것이 문제다. 다행히 빨리 깨달은 덕분에 마음을 더욱 다잡을 수 있었다. 처음 카페를 오픈할 때보다 이때가 더욱 힘들었다. 초심을 계속 유지한다는 것이 말처럼 쉽지 않기 때문이다.

중국 춘추전국시대 사상가인 노자(老子)는 초심(初心)에 대해 이렇게 말했다.

큰 나무도 가느다란 가지에서 비롯된다.
십층 탑도 작은 돌을 하나씩 쌓아올리는 데서 시작된다.
마지막에 이르기까지 처음과 마찬가지로 주의를 기울이면 어떤 일도 해낼 수 있다.

인생에서 가장 위험한 때는 스스로 무언가를 이루었다고 생각할 때인 듯하다. 그렇게 마음먹는 순간, 자만과 방심이 생긴다. 그래서 이럴 때일수록 더욱 필요한 것이 초심이다. 창업을 준비하면서 그리고 카페를 오픈하고 나서 초심을 잃지 않도록 수시로 정기적으로 내 마음을 살펴보자. 자만보다는 겸손으로, 방심보다는 관심으로, 부지런함을 무기로 부단히 노력하자. 세상에 공짜는 없으며, 계속 노력하고 준비하는 사람에게 더욱 달콤한 열매가 맺는다는 사실을 잊지 말자.

03

한 잔의 커피는
한 잔 그 이상이다

날이 더울 때 마시는 시원한 커피 한 잔은 갈증을 해소해주고, 추울 때 마시는 따뜻한 커피 한 잔은 보금자리의 따끈한 난로와 같다. 누군가를 만났을 때, 회사에서 열심히 일하고 있을 때 상대방이 "커피 한잔 어때요?"라고 말해준다면 고마움과 편안함이 온몸에 퍼지는 느낌이다.

서로의 안부를 물을 때, 친해지고 싶을 때 '커피 한잔'처럼 친근하고 대중적인 멘트도 없는 듯하다. 이제 우리 일상에서 커피는 오감(五感)을 터치하고 힐링과 여유를 그리고 낭만을, 각자가 원하는 다양한 가치를 선사해주는 역할을 한다. 현대인은 단순히 커피맛을 즐기기 위해 카페를 방문하지 않는다. 꼼꼼하게 가치를 판단하고 자신에게 어떠한 가치를 부여해주고 만족을 시켜주는지 점검하고 가치소비(價値消費)를 한다. 요즘처럼 경기가 안 좋을 때에는 가격도 중요하지만, 가격 대비 맛의 품질, 디자인, 그 외 자신에게 만족감을 줄 수 있는 상품에 아낌없이 비용을 지불하는 경향이 크다.

우리가 매일 차던 시계는 스마트폰이 보급되면서 시간을 확인하는 기능을 넘어 패션, 품격, 인테리어 등 다양한 가치를 제공하고 있다. 커피도 마찬가지다. 한 잔의 커피에서 얻을 수 있는 가치는 그 이상이다. 시대에 따라 커피를 즐기는 사람에 따라 각자의 상황에 따라 추구하는 가치도 제각각이다. 모든 사람을 만족시킬 수 있는 카페공간과 커피맛을 추구할 순 없겠지만 계속해서 고민하고 준비할 수 있다.

하버드대학교 경영학과 마이클 유진 포터(Michael Eugene Porter) 교수는 2011년 《하버드 비즈니스 리뷰(Harvard Business Review)》에서 CSV(Creating Shared Value) 개념을 발표했다. 경영의 대가 필립 코틀러(Philip Kotler) 교수는 《마켓 3.0》에서 "소비자의 이성에 호소하던 1.0의 시대와 감성, 공감에 호소하던 2.0의 시대에서, 소비자의 영혼에 호소하는 3.0의 시대가 도래하였다"라며 CSV를 바탕으로 한 미래시장의 경영전략을 제안했다. CSV의 성공 여부는 바로 진정성이다. 1990년대 초 패스트푸드에 대한 부정적 인식이 미국, 유럽에 전파될 때 맥도날드는 '어린이 비만퇴치운동' 등 공감을 불러일으키기 위한 마케팅을 선보였다. 하지만 역효과가 났고 오히려 소비자들은 맥도날드 이미지를 좋게 하려는 행위에 불과하다며 더욱 반발했다. 순수하지 않은 의도가 빤히 보이는 마케팅과 행위는 진정성이 없다. 그래서 공감을 얻기 어렵다. 소비자, 즉 이용하는 고객에 대한 가치가 먼저 고려되어야 진정성이 발현될 수 있는 것이다.

나는 우리 카페에 고객이 계속 오셨으면 좋겠다. 가격이 저렴하다고 커피맛까지 저렴하다면 다시 오고 싶지 않을 것이다.

매력적인 커피맛으로 고객의 마음을 사로잡고 싶다. 커피를 한 모금 마셨을 때 "으음~ 바로 이 맛이야!", "커피가 맛있어요!"라는 말을 듣기 위해 신선한 원두에 깨끗한 머신관리, 직원교육, 수시로 맛 평가를 거쳐 우리 커피를 이용하는 고객들의 입맛을 파악하고 그 맛을 내기 위해 노력한다. 커피를 가져갈 때 여러 잔을 주문한 고객께 드리는 캐리어도 아끼지 않는 편이다. 주문이 석 잔 들어와도 고객에게 먼저 여쭤본다.

"석 잔 모두 담아드릴까요?"

고객이 원한다면 부자재를 아끼려고 하지 않는다. 오히려 더 드릴 것이 없는지 확인한다. 얼마 전, 빙수포장용기를 새로 주문했다. 기존 용기가 용량이 작아 보였기 때문이다. 어떤 고객도 먼저 말씀하진 않았지만, 더 많이 드리고 맛있게 빙수를 드셨으면 하는 마음에서다. 폭염이 심한 날에는 잠깐만 나가도 빙과류는 녹을 수 있다. 그래서 빙수를 포장해 가시는 고객께 보냉팩에 넣어드려서 처음 나온 상태처럼 시원하게 드실 수 있도록 노력한다.

　매장에서 음료를 구매하면 잔 수에 따라 적립을 해드리는데, 직원이 바빠서 물어보지 않거나 그냥 넘어가는 경우도 많았다. 적립을 해드리면 매장에서 자체적으로 할인하고 음료를 제공하는 부분이기 때문에 아끼려고 생각하면 아깝다고 할 수도 있다. 하지만 필자는 그렇게 생각하지 않는다. 한 번이라도 더 방문해주신 고객이 정말 감사하고 그에 대한 보답을 드릴 수 있기에 직원들이 깜빡하거나 고객이 이전에 적립을 못했다고 하면 더욱 적극적으로 적립을 해드리기 위해 노력한다.

　갑작스러운 날씨 변화로 비가 쏟아지거나 소나기가 내렸을 경우에는 매장에서 갖고 있는 여분의 우산을 빌려드리고 있다. 고객의 입장에서 원하는 것이 무엇일까, 어떻게 하면 더욱 편안할까를 끊임없이 고민한다면 카페의 진정성이 고객의 마음에 닿을 것이다. 한잔의 커피보다 진한 진정성으로 가치를 실현하는 카페가 될 수 있도록 한 걸음씩 더 다가가 보자.

04

마시는 공간에서
만끽하는 공간으로 만들어라

'젊음을 만끽하다'

'자유를 만끽하다'

'여름을 만끽하다'

'여유를 만끽하다'

무언가를 만끽한다는 것은 상상만 해도 기분이 좋아지는 느낌이다. '만끽하다'는 말은 영어사전에는 'Enjoy(즐기다)', 국어사전에는 '마음껏 먹고 마신다', '욕망을 마음껏 충족하다'로 정의내리고 있다. 만끽하게 되면 즐기게 되고 마음껏 욕망을 충족하므로 행복과도 무관하지 않다. 사람이 가장 행복함을 느끼는 순간은 '하고 싶은 일에 몰입해 있는 상태'라는 연구결과도 있다. 젊음을 만끽하려면 젊음에 몰입해야 하고, 자유를 만끽하려면 자유에 몰입해야 하고, 여름을 만끽하려면 여름에 몰입해야 하듯이 여유를 만끽하려면 여유에 몰입할 수 있는 마음과 시간, 상황이 주어져야 한다.

요즘 현대인들은 매일 바쁘게 지내는 반면, 매 순간순간 몰입하지 못하고 일을 하면서 휴식을 원하고, 휴식을 하면서 일 걱정을 하고, 휴가를 가서도 편히 쉬지 못하는 경우도 부지기수다. 라틴어 카르페디엠(Carpe Diem), '현재를 즐겨라'는 의미처럼 매순간 현재에 집중하고 만끽할 수 있다면 얼마나 좋을까?

카페에서 공부를 하기 위해 오는 사람, 커피를 마시기 위해 오는 사람, 누군가를 만나기 위해 준비하는 사람, 회의 · 미팅 등 비즈니스를 위해 오는 사람, 데이트를 하는 사람 등 카페를 오는 사람도 목적이 모두 다르다.

요즘은 카페도 진화하고 있다. 책을 보면서 도서관처럼 즐길 수 있고 책도 구매할 수 있는 북카페, 커피도 마시고 강연도 즐기는 강연카페, 카페에서 꽃구경과 꽃향기에 흠뻑 빠질 수 있는 플라워카페, 커피도 마시고 사주도 볼 수 있는 사주카페, 지친 몸과 마음을 편안하게 해주는 힐링카페 등 다양한 변신이 이뤄지고 있다.

이제 카페는 마시는 공간에서 만끽하는 공간으로 바뀌고 있다.

예술경영지원센터와 업무협약을 맺고 카페를 전시공간으로 활용하기도 하고, 프로젝트로 신진작가를 배출하기도 하며, 1,300점이상의 작품을 전시하면서 커피를 마시고 이야기를 나누는 공간에서 나아가 문화예술을 향유할 수 있는 공간으로 만들어가고 있다. 탑스테이지에서 인디밴드가 공연할 수 있도록 무대를 꾸미기도 한다.

어느 카페는 커피 생두를 저장실에서 로스팅룸까지 진공으로 이동시키는 기기와 대형 보관소를 준비해서 마치 작은 공장처럼 꾸미는 시도를 한다. '메인 바'와 '에스프레소 바', '질소커피 바' 등 커피에 따라 카테고리를 나눠 소비자들이 직접 선택해서 커피를 즐길 수 있도록 한 부분도 눈에 띈다. 매장 내부에는 그림과 조각품을 전시하고 1층에는 영화상영관을 설치하는 등 영화상영과 인테리어 변화로 휴식을 강조한다.

다양하면서도 새로운 시도가 카페에서 더욱 즐겁게 몰입하고 만끽하도록 돕고 있다. 우리 카페 또한 이러한 시도를 위해 계속적으로 노력하는 중이다. 야외 테라스를 만들어서 다채로운 공간을 활용하고, 아늑함을 느낄 수 있도록 나만의 공간 1인용 자리, 카운터를 앞쪽으로 배치해서 안쪽 공간을 많이 활용하도록 인테리어를 하고 선반에는 당장 꺼내서 읽을 수 있는 책과 다양한 소품으로 재미를 주고 필자가 직접 집필한 책을 진열해서 책에 대해서 이야기도 나누고 궁금한 사항은 상담도 해드리고 있다. 또 테마를 정해 특강을 진행하기도 한다. 이미지메이킹, 스피치, 마인드맵, 독서 등 함께 소통하고 자기계발할 수 있는 공간으로 변신도 시도 중이다.

《논어》에 이르기를 '지지자(知之者)는 불여호지자(不如好之者)요, 호지자(好之者)는 불여요지자(不如樂之者)니라'라 하였다. 많이 아는 사람은 그 일을 좋아하는 사람만 못하고, 좋아하는 사람은 그 일을 진정으로 즐길 줄 아는 사람에게 이르지 못한다고 하였다. 카페를 운영하면서 그 일을 즐길 수 있어야 카페에 오는 사람도 즐겁게 만끽할 수 있는 것이다. 나와 직원들이 모두 즐기고 만끽할 수 있다면 이러한 우리가 만들어가는 카페는 점점 만끽할 수 있는 공간으로 자리 매김할 수 있을 것이다.

【TIP 1】 일반과세자 vs 간이과세자

구분	일반과세자	간이과세자
	연간 매출액 4,800만 원 이상이거나 간이과세 배제되는 업종, 지역인 경우	연간 매출액 4,800만 원 미만이고 간이과세 배제되는 업종, 지역에 해당되지 않는 경우
매출세액	공급가액×10%	공급가액×업종별 부가가치율×10%
세금계산서 발행	발행 가능	발행할 수 없음
매입세액 공제	전액공제	매입세액 × 업종별 부가가치율

- 일반과세자는 부가세 환급을 받을 수 있지만, 간이과세자는 부가세 환급을 받을 수 없다.

- 일반과세자는 첫 부가세 신고 시에 초도물품 비용과 인테리어공사비, 간판비 등 초기 비용에 대한 부가세 환급을 받을 수 있다. 다만, 두 번째 부가세 신고부터는 매출 대비 지출한 비용이 많지 않기 때문에 세금을 내야 한다.

- 간이과세자는 1년에 한 번 부가세 신고를 하며, 환급받는 비용이 전혀 없다. 물론 내는 비용도 없다. 하지만 연간 매출액이 4,800만 원이 넘게 되면 일반과세자로 전환해야 하며, 따라서 다음 신고부터는 부가세 신고 시 세금이 발생하게 된다.

【TIP 2】영업신고 및 사업자등록 절차

① 건강진단서(보건증) 발급
- 방문처 : 전국 보건소
- 준비물 : 신분증, 수수료 약 3,000원
- 처리기간 : 검사일 포함 4~5일 소요
- 참고 : 보건증 유효기간 1년. 매년 재발급 필요

② 위생교육
＊주류를 판매하지 않으면 휴게음식점으로 교육이수
- 문의 : 한국휴게음식업중앙회 홈페이지 https://kcraedu.or.kr
　　　　영업점과 가까운 지역별 지사 연락처 확인해서 전화문의
- 교육이수방법 : 방문교육(9:00~16:00 / 6시간) or 온라인교육 선택
- 준비물 : 방문교육 시 신분증, 교육비
- 참고 : 타 지역에서 시행한 위생교육을 받아도 가능함.

＊주류를 판매하면 일반음식점으로 교육이수
- 문의 : 한국외식업중앙회 홈페이지 http://www.nfoodedu.or.kr
　　　　영업점과 가까운 지역별 지사 연락처 확인해서 전화문의
- 교육이수방법 : 방문교육(9:00~16:00 / 6시간) or 온라인교육 선택
- 준비물 : 방문교육 시 신분증, 교육비
- 참고 : 사업장을 확보하지 않은 상태에서 위생교육을 받을 수 있고, 공동사업의 경우
　　　　1인만 위생교육을 받으면 됨. 조리사, 영양사 면허증으로 대체 가능함.

③ 영업신고
- 방문처 : 사업장 관할 소재지 보건소
- 준비물 : 식품 영업 신고서(보건소 내 비치), 위생교육필증, 건강진단결과서(보건증),
　　　　　임대차계약서(자가의 경우, 등기부등본), 신분증, 수수료
- 참고 : 추가 서류 등 준비물이 더 필요할 수 있으므로 확인전화 후 방문할 것

④ 사업자등록
- 등록방법1 : 인터넷 홈택스에서 등록(www.hometax.go.kr)
　　　　　　로그인(공인인증서 필요)한 후, [신청/제출] → [사업자등록 신청(개인)]
　　　　　　클릭 후 상세내용 입력
※ 회원가입, 공인인증서 등록, 필요서류에 대한 스캔한 이미지파일 미리 준비
- 등록방법2 : 사업장 관할 세무서 방문 등록
　　　　　　사업자등록신청서(세무서 내 비치), 임대차계약서 사본, 영업신고증,
　　　　　　신분증

【TIP 3】 근로계약서

근 로 계 약 서

_____(이하 "사업주"라 함)과(와) _____(이하 "근로자"라 함)은 다음과 같이 근로 계약을 체결한다.

	사업체명 :	(전화 :	)
(사업주)	주 소 :		
	대 표 자 :		(인)

	주 소 :	
(근로자)	연 락 처 :	
	성 명 :	(인)

1. 근로계약기간 : 20   년   월   일부터 20   년   월   일까지

2. 근 무 장 소 :

3. 업무의 내용 :

4. 소정근로시간 :

5. 휴일 및 임금 :   원

                - 임 금 지 급 일 : 매월 _____일

                - 지 급 방 법 : 근로자 명의 예금통장에 입금

6. 계약서 교부

    - 사업주는 근로계약을 체결함과 동시에 본 계약서를 사본하여 근로자의 교부요구와 관계없이 근로자에게 교부함(근로기준법 제17조 이행)

7. 기   타

    - 이 계약에 정함이 없는 사항은 근로기준법령에 의함.

20   년   월   일

※근로계약서 작성 시 의무사항 : 인사규정에 근거

  ▶보존기간 : 근로자계약서 및 근로계약에 관한 중요한 서류는 3년간 보존하여야 한다.

  ▶기재사항 : 임금(구성항목, 계산방법, 지급방법), 소정근로시간, 휴일, 연차, 유급휴가, 근로조건 등

개인정보 이용 · 제공 · 활용 동의서

> 1) 개인정보를 제공받는 자
> 2) 개인정보를 제공받는 자의 이용 목적
> 3) 제공하는 개인정보의 항목
> 4) 개인정보를 제공받은 자의 개인정보 보유 및 이용기간
> 5) 동의 거부 권리 사실 및 불이익 내용

〈개인정보취급에 관한 안내〉
'14.08.07일부터 개정된 개인정보보호법에 따라 _____에서는 귀하의 소중한 개인정보를 수집 · 이용 · 활용하고자 하는 경우에 「개인정보보호법」에 따라 본인의 동의를 얻고 있습니다. 근로기준법에 따른 4대 보험 및 임금대장 작성 시 사용되며, 다른 용도로는 사용되지 않습니다. 이에 아래의 내용과 같이 귀하의 개인정보를 수집 · 이용 · 활용하는 데 동의하여 주실 것을 요청합니다.

※ 개인정보 이용 · 제공에 관한 동의사항
수집된 개인정보가 향후 이용 · 제공 · 활용이 될 경우에는 아래와 같이 필요한 사항을 알리겠습니다.

「개인정보보호법」 등 관련 법규에 의거하여 본인의 개인정보를
이용 · 제공 · 활용하는 것에 동의합니다.

20   년   월   일
근 로 자 :   (인)

※개인정보활용 동의서 작성방법 및 유의사항
　▶개인정보보호법 등의 관련 법규에 의거하여 개인정보 수집 항목 및 이용목적을 명시한다.

【TIP 5】세금 유형 및 신고납부

① 부가가치세
- 정의 : 상품(재화)의 거래나 서비스(용역)의 제공과정에서 얻어지는 부가가치(이윤)에
  대하여 과세하는 세금 〈부가가치세 = 매출세액 − 매입세액〉
- 과세기간 및 신고납부 : 부가가치세는 6개월을 과세기간으로 하여 신고·납부하게 되
  며 각 과세기간을 다시 3개월로 나누어 중간에 예정신고기간을 두고 있다.

과세기간	과세대상기간		신고납부기간	신고대상자
제1기	예정신고	1.1~3.31	4.1~4.25	법인사업자
1.1~6.30	확정신고	1.1~6.30	7.1~7.25	법인·개인일반 사업자
제2기	예정신고	7.1~9.30	10.1~10.25	법인사업자
7.1~12.31	확정신고	7.1~12.31	다음 해 1.1~1.25	법인·개인일반 사업자

※ 일반적인 경우 법인사업자는 1년에 4회, 개인사업자는 2회 신고
○ 개인 간이과세자는 1년을 과세기간으로 하여 신고·납부

과세기간	신고납부기간	신고대상자
1.1~12.31	다음 해 1.1~1.25	개인 간이사업자

사업자구분	제출대상서류
일반과세자	1. 부가가치세(예정 또는 확정)신고서
	2. 매출처별세금계산서합계표
	3. 매입처별세금계산서합계표
	[아래 항목은 해당하는 경우에만 제출]
	4. 영세율 첨부서류
	5. 대손세액공제신고서
	6. 매입세액 불공제분 계산근거
	7. 매출처별계산서합계표
	8. 매입처별계산서합계표
	9. 신용카드매출전표등수령명세서
	10. 전자화폐결제명세서(전산작성분 첨부가능)
	11. 부동산임대공급가액명세서
	12. 건물관리명세서
	13. 현금매출명세서
	14. 주사업장 총괄납부를 하는 경우 사업장별 부가가치세과세표준 및 납부세액(환급세액) 신고명세서
	15. 사업자단위과세를 적용받는 사업자의 경우에는 사업자단위과세의 사업장별부가가치세과세표준 및 납부세액(환급세액)신고명세서
	16. 건물등감가상각자산취득명세서
	17. 의제매입세액공제신고서
	18. 그 밖의 필요한 증빙서류
간이과세자	1. 부가가치세(예정 또는 확정)신고서
	2. 매입처별세금계산서합계표
	[아래 항목은 해당하는 경우에만 제출]
	3. 매입자발행세금계산서합계표
	4. 영세율 첨부서류(영세율 해당자)
	5. 부동산임대공급가액명세서(부동산임대업자)
	6. 사업장현황명세서(음식, 숙박, 기타 서비스 사업자가 확정신고 시)
	7. 의제매입세액공제신고서
	8. 그 밖에 「부가가치세법 시행규칙」 제23조의5에 따른 해당 서류

② 종합소득세

– 정의 및 신고납부 : 종합소득(이자·배당·사업(부동산임대)·근로·연금·기타소득)이 있는 사람이 해당되며, 다음 해 5월 1일부터 5월 31일까지 종합소득세를 신고·납부하여야 한다.

법정신고기한	제출대상서류

다음 연도
5월 1일 ~ 5월 31일
 	
– 성실신고확인 대상
  사업자는 다음 연도
  5월 1일 ~ 6월 30일
 	
– 거주자가
  사망한 경우 :
  상속개시일이 속하는
  달의 말일부터
  6개월이 되는 날까지
 	
– 국외이전을 위해
  출국하는 경우 :
  출국일 전날까지
	1. 종합소득세·농어촌특별세 과세표준확정신고 및
	   자진납부계산서
	   (소득자에 따라 : 단일소득자용, 복수소득자용)
	2. 소득금액계산명세서, 소득공제신고서, 주민등록등본
	3. 재무상태표 및 손익계산서와 그 부속서류, 합계잔액시산표
	   및 조정계산서와 그 부속서류(복식부기의무자)
	   간편장부 소득금액계산서(간편장부대상자),
	   추계소득금액계산서(기준·단순경비율에 의한 추계신고자)
	   성실신고확인서(성실신고확인대상사업자)
	4. 공동사업자별 분배명세서(공동사업자)
	5. 세액공제신청서, 성실신고확인비용 세액공제신청서
	6. 세액감면신청서
	7. (일시 퇴거자가 있는 경우)
	   – 일시퇴거자 동거가족 상황표
	   – 퇴거 전 주소지와 일시퇴거지의 주민등록등본
	   – 재학증명서, 요양증명서, 재직증명서, 사업자등록증 사본
	8. (장애인공제 대상인 경우)
	   – 장애인등록증, 국가보훈처가 발행한 증명서
	   – 장애인수첩 사본
	9. (위탁아동이 있는 경우)
	   – 가정위탁보호확인서
	10. (동거 입양자가 있는 경우)
	   – 입양관계증명서, 입양증명서

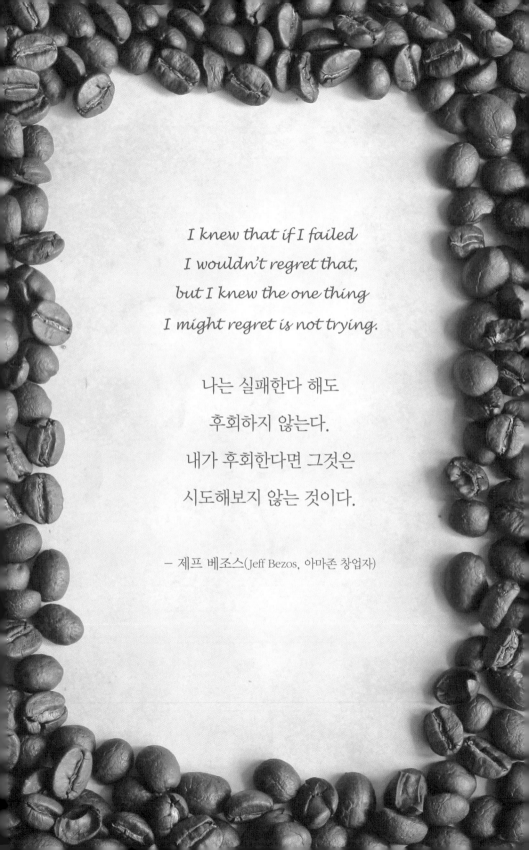

I knew that if I failed
I wouldn't regret that,
but I knew the one thing
I might regret is not trying.

나는 실패한다 해도

후회하지 않는다.

내가 후회한다면 그것은

시도해보지 않는 것이다.

– 제프 베조스(Jeff Bezos, 아마존 창업자)

**성공하는 카페 창업
낭만부터 버려라**

지은이 | 전창현
발행처 | 도서출판 평단
발행인 | 최석두

신고번호 | 제2015-000132호
등록연월일 | 1988년 7월 6일

초판 1쇄 인쇄 | 2023년 8월 1일
초판 1쇄 발행 | 2023년 8월 8일

주소 | (10594) 경기도 고양시 덕양구 통일로 140 삼송테크노밸리 A동 351호
전화번호 | (02)325-8144(代)
팩스번호 | (02)325-8143
이메일 | pyongdan@daum.net

ISBN 978-89-7343-565-4 13320

© 전창헌, 2023, Printed in Korea